LE REBELLE,

L'ENFANT DE CONSTANTINOPLE

Françoise Eva Lenoir

LE REBELLE

L'ENFANT DE CONSTANTINOPLE

Image de couverture

JANISSAIRE
(Matthaios Samatakis)
CONSTANTINOPLE
1453

ISBN 978-2-9560602-1-5
Copyright © 2017 – Françoise Eva Lenoir
SGDL : N° 27964

À mon fils Johann.

*

Du même auteur :

Ο Ποιμένας, το παιδί του Ολύμπου (2013), εκδόσεις Βερέττα.
Le Pâtre, l'enfant de l'Olympe (2014), éditions Veretta.

Carte de Constantinople, dessinée en 1422 par le cartographe florentin Cristoforos Buondelmonti. (Bibliothèque nationale, Paris). C'est actuellement la plus ancienne carte de la Ville précédant la conquête ottomane en 1453.

I

LA FIN

Ils le cherchaient partout.
Ils l'appelaient.
Ils criaient.
Ils hurlaient.

Les noires collines alentour, insensibles et impassibles, étouffaient les arbres qui se tordaient sous le froid de ce printemps impitoyable tandis que les nuages, témoins du désastre, passaient lentement devant la lune narquoise. Mais l'astre blanc détournait le regard. Il se moquait bien des murailles défensives, pourtant percées de toutes parts de la Ville moribonde. Et plus encore de ce que le sort avait réservé à Leftéris.

Au loin, la tour de Galata s'était, à son tour, soumise aux guetteurs ennemis qui surveillaient encore les incendies ravageant la Corne d'Or.

Dès son avènement, le conquérant avait pourtant prévenu :
« *Je connais depuis longtemps, Grecs stupides, vos manières sournoises. Le sultan défunt était pour vous un ami débonnaire et attentionné. Le sultan Mehmet ne voit pas les choses de la même façon. S'il ne parvenait pas avec sa fougue habituelle à s'emparer de Constantinople, ce serait uniquement parce que Dieu continue à fermer les yeux sur vos procédés sordides. Vous êtes bien niais si vous croyez pouvoir nous effrayer avec vos puérilités, alors que l'encre de notre dernier traité n'est pas encore sèche. Nous ne sommes pas des enfants sans force ni raison. Si vous croyez pou-*

voir tenter quelque chose, allez-y. Si vous voulez amener les Hongrois de ce côté du Danube, faites-les venir. Si vous voulez reprendre les places que vous avez perdues depuis longtemps, essayez donc. Mais sachez ceci : ni là ni ailleurs, vous n'irez bien loin. Tout ce que vous risquez, c'est de perdre ce qui vous reste encore. » *

Essoufflées et pourtant encore vives, des voix rauques montaient vers le ciel.

- Viens par ici, Iannis, il a dû filer derrière ces rochers ou se cacher dans un arbre !

- Non, nos frères d'armes, ceux qui ont survécu, sont devant. Ils l'auraient trouvé. On ne cherche pas au bon endroit !

Parmi des tourbillons de poussière et de flamme, de fumée et de haine, les cris paniqués du désespoir reprenaient :

- Leftéris, réponds-nous, où es-tu, fais nous un signe ! Ils t'ont blessé ces Ottomans ?

Trois jours auparavant, les Turcs avait commis, dans la Ville, un terrible carnage. De perfides ruisseaux de sang s'écoulaient encore des monceaux de cadavres de chrétiens qui s'entassaient dans les rues et teintaient les entrailles de la terre de leurs larmes de mort. Rien n'avait échappé aux hommes de Mehmet. Ici, un crucifix avec un Christ coiffé d'un fez rouge avait été jeté au sol. Là, quelques reliques de saints étaient éparpillées parmi les détritus et les débris de vases sacrés tandis que les barbares n'avaient pas hésiter à attacher leurs chevaux dans l'église de Sainte-Sophie. Quelle bataille avait pu faire tant de captifs, quelle conquête osé ronger les âmes avec cet implacable acharnement ? Les prisonniers, séparés les uns des autres, seraient bientôt vendus par les soldats et revendus encore par d'infâmes marchands sans remords, puis promis aux mesquines besognes des plus lointaines contrées musulmanes. Les nonnes, déflorées à tout âge au beau milieu des rues par les marins des galères, imploraient le dieu

---

* Traduction de la réponse d'Halil retranscrite par Donald Nicol.

qui voulait les entendre de ne pas être cédées aux enchères.

Comme l'exigeait la tradition, Mehmet avait ordonné à ses hordes sanguinaires le pillage de la Ville pendant trois jours puis, épouvanté enfin par son anéantissement, il avait enjoint ses hommes à l'arrêt immédiat des massacres aux dernières lueurs d'un crépuscule en pleurs. Respectueux ami de la religion, il souhaitait tant faire de Constantinople la capitale de l'Islam ! Grand érudit et partisan des arts et des belles lettres, il avait déjà laissé déchirer ou brûler par ses brutes un nombre incalculable des plus rares ouvrages de l'Antiquité. Les derniers livres seraient donc conservés dans les bibliothèques ottomanes. Esthète et amateur de bonne chair, il s'était réservé les plus jolies parmi les filles des dignitaires grecs ainsi que quelques adolescents qui amélioreraient les rangs de son harem. Connu pour sa générosité et adepte du partage, il ne tarderait d'ailleurs pas à envoyer une quarantaine de vierges et d'autres jeunes gens à son fidèle ami, calife d'Egypte, ainsi que quelques centaines d'enfants aux souverains de Grenade et de Tunis.

Certes, l'Empire romain d'Orient venait de s'effondrer avec la chute de Constantinople, mais Allah est grand : ceux qui n'avaient pas été empalés, coupés en deux, égorgés, violés ou réduits à la plus humiliante des servitudes avaient réussi à fuir la Ville fumante et dévastée. Quelques chrétiens, encore prisonniers des murs de Sainte-Sophie, avaient reçu l'autorisation de rentrer chez eux par le pieux sultan en personne, venu se recueillir sur l'autel de la basilique. Immanquablement, leurs maisons étaient marquées d'un fanion indiquant qu'elles avaient été fouillées de fond en comble et vidées du moindre objet de prix. Leurs enfants n'avaient pas toujours eu la chance de repartir avec eux : du fait de leur faible valeur marchande, il avait été plus simple de les éliminer.

Agenouillé sous le regard du Christ, de sa Mère et de toutes les icones qu'il ne tarderait pas à faire enduire au lait de chaux, plongé dans d'innombrables pensées quant à la gloire inhérente à un destin qui lui permettait de s'emparer du joyau du christianisme malgré son jeune âge, le conquérant s'interrogeait.

« Comment ces Byzantins effrontés avaient-ils pu encore espérer la victoire, alors même que le ciel les avait alertés une semaine auparavant en éclipsant la lune ? Leur Vierge de Constantinople avait, elle aussi, décidé de choir de son support lors d'une procession dans les rues lorsqu'un puissant orage s'était abattu sur les habitants ébahis et, il est vrai, quelque peu inquiets ou affaiblis après ces terribles semaines de siège. Qui donc encore, sinon un séide de l'archange Israfil*, aurait pu illuminer Sainte-Sophie le jeudi précédent et l'auréoler d'une lumière pourpre de sang ? Comment ces gens avaient-ils pu espérer des renforts de l'Occident alors que les rois, pour les uns investis dans les dernières batailles de la guerre de Cent ans, pour d'autres fort occupés à convoiter des couronnes impériales, empêtrés dans leurs propres difficultés internes ou trop éloignés des rivages de la Ville, avaient tous eu bien mieux à faire que de se risquer à repartir en croisade et repousser la marée ottomane ? »

Un sourire avait envahi le visage de Mehmet. Allah est miséricordieux, c'est Lui qui avait voulu cette victoire. Ainsi, le conquérant n'avait pas hésité à se retourner et à admonester un de ses propres soldats, un croyant reconnaissant qui, armé d'une barre de fer, s'apprêtait à démolir les dalles de l'église :

- Sainte-Sophie est dorénavant à moi, à ma foi, à l'Islam. Sors d'ici et retourne chez toi !

Au loin, les recherches se poursuivaient. La poignée de survivants, déterminée à retrouver Leftéris, s'assit enfin.

- Les amis, réfléchissons ! Voilà trois jours que la Ville est tombée, trois jours que les Turcs la pillent, trois jours que nous cherchons notre ami. Lequel d'entre vous l'a aperçu pour la dernière fois ?

- Moi, il y a trois jours justement, c'était mardi à l'aube, un peu avant l'attaque ! Il était assis au pied des tours de la prison d'Anemas et disait vouloir trouver un endroit pour cacher sa

---

* Selon le Coran, l'archange Israfil إســـرافيل soufflera dans le clairon pour annoncer la fin du Monde.

femme et son fils, mais je ne suis pas sûr qu'il ait atteint sa maison avant l'invasion.

- Et moi, je l'ai vu il y a quatre jours, il consolidait la muraille !
- Moi, c'était il y a plus d'une semaine, à la grande procession. Il pleurait comme un pauvre bougre. Il m'a simplement dit que nous étions perdus…

Iannis prit sa tête entre les mains et soupira. Comment Leftéris, un fier patriote au cœur tendre de soie aurait-il pu tomber sous les coups ottomans ?

- Non, il est vivant, il n'est pas de la race qui recule ou se laisse berner par des ruses scélérates. Son intelligence lui a dicté de se cacher. Repartons, il ne peut être loin !
- Tu parles ! On l'a cherché en prenant tous les risques… Crois-tu vraiment qu'il a réussi à s'enfuir avec femme et enfant ? Les familles entières qui auront survécu doivent être rares !
- Arrête, tu sais bien que Leftéris ne les aurait pas abandonnés aux mains de ces sauvages. Allez, lève-toi, il a peut-être besoin de nous !

Le froid féroce de cette autre nuit sanglante gangrenait les jambes. Sans entrain, sans plus ni foi ni espoir, les amis reprirent leur chemin hasardeux, dans l'odeur nauséabonde de la mort que dégageaient les cadavres partout dispersés. Au silence des cimeterres ennemis rentrés dans les fourreaux, des épées fièrement rangées et des arcs brisés par orgueil succéda le bruit des pas des janissaires. Vêtus de longs et amples caftans rouges et pavoisant sous leurs coiffes de cuivre surmontées de hautes plumes, sinistres témoins de leurs exploits dans l'art de couper les têtes adverses dans les combats au corps à corps, les féroces guerriers regagnaient leur unité. La poussière lugubre de la bataille retombait sur la Ville et l'enveloppait de son linceul sépulcral. Remplaçant le son des cloches des églises dépouillées, l'appel à la prière selon la volonté du Prophète retentit en contrebas.

Apostolis marqua une pause et cracha. Iannis s'approcha de son ami et comme pour le réconforter, il posa sa main sur son épaule.

- Je ne préfère même pas imaginer pendant combien d'années ou de siècles, nos descendants entendront ces litanies résonner sur nos terres…

- Que le diable les emporte tous, ces barbares musulmans ! Ils verront bien un jour… Allons mes frères, cherchons Leftéris, ne nous laissons pas intimider par ces fanatiques sanguinaires. Vous verrez, nous le retrouverons sûrement par ici, il connaît bien le coin !

Ils le cherchent partout.
Ils l'appellent.
Ils crient.
Ils hurlent.

Nous sommes le vendredi 1er juin de l'an de grâce 1453 et lui, Leftéris, il git au pied d'une porte et ne les entend plus. Le coup d'estoc en plein cœur, porté par un poignard à lame droite planté au milieu de son dos, ne lui a laissé aucune chance.

II

L'AGONIE

Le 28 mai, à la veille de l'assaut fatal et de ces trois jours de pillage lors desquels sa ville serait anéantie, Leftéris, plus anxieux qu'à l'habitude, s'en était allé comme chaque matin constater l'état des murailles, ébranlées par les tirs depuis près de deux mois. Le mitraillage incessant de l'artillerie ottomane avait endommagé en plusieurs points les remparts byzantins et les assiégés colmataient de plus en plus difficilement les brèches ouvertes par les canons turcs.

Ces deux derniers jours, les bombardements avaient redoublé d'intensité tandis qu'en ce lundi, un silence qui glaçait l'âme planait depuis l'aube sur le Bosphore tel un sournois rapace qui s'apprête à surgir.

Que préparaient ces gredins ? Se reposaient-ils pour mieux les décimer ou priaient-ils le dieu des scélérats afin qu'il les aidât ?

Leftéris donna quelques ordres puis partit rejoindre le cortège qui s'apprêtait à faire le tour des murailles. Des religieux placèrent quelques reliques ou autres objets de valeur aux endroits les plus affaiblis des remparts tandis que l'empereur s'adressa à l'ensemble des défenseurs. Incapable de satisfaire les demandes du sultan qui aurait levé le siège en échange d'un tribut de cent mille besants d'or, Constantin n'avait pu que refuser la reddition. Toutefois, il rassura ses hommes : s'il quittait la cité, la défense s'effondrerait. Il ne les abandonnerait donc pas ; si la cité devait périr, il périrait avec elle.

Ragaillardi et presque porté par l'espoir, le peuple se retrouva alors pour une cérémonie au sein de la basilique Sainte-Sophie.

Tous versèrent des larmes et s'embrassèrent ; de nouveau, les dissensions religieuses semblaient oubliées : Vénitiens, Génois et Grecs communiaient d'une même foi.

Le soir venu, les défenseurs reprirent leurs positions et les portes du rempart intérieur furent fermées afin d'éviter toute retraite. Constantin réunit plusieurs de ses ministres et des membres de sa famille puis se rendit à son palais des Blachernes afin de se préparer à la bataille.

Le cœur lourd, Leftéris repartit lui aussi à petits pas vers le quartier du Phanar pour rejoindre les siens. Il habitait tout près de la prison d'Anemas qui jouxtait la résidence de l'empereur, au pied du plus ancien rempart de la Ville.

Architecte, responsable comme d'autres de l'état des murs, le brave homme avait fait de son mieux pour les renforcer de manière conséquente afin d'éviter le pire.

Il se mit à parler tout seul :
- Comment pourrais-je maintenant protéger ma famille, où les cacher ? Pour sûr, ces félons sans foi ni loi pilleront les maisons, inspecteront les citernes, violeront nos femmes et égorgeront nos fils. Rien ni personne n'échappera aux lames de l'infamie !

Insidieuse et silencieuse, la nuit était tombée à l'insu de chacun. Bien que la lutte fût interrompue, la pluie infatigable et monotone souillait de poudre les noirs pavés des ruelles maussades. Le ciel recouvrait d'une chape de plomb les églises que Leftéris ne regardait plus. Livide fantôme, spectre de l'ombre, il marchait tel un somnambule désincarné.

Arrivé par on ne savait quel prodige devant les contreforts aux petites pierres taillées irrégulièrement des tours jumelles de la prison, il se laissa tomber au sol et se mit à hurler :
- Turcs, quand vous nous tuerez, penserez-vous à nous, à moi, à tous ceux qui ont attendu la mort de vos cruelles mains ? C'est par vous, misérables imbéciles, que nos noms resteront dans l'Histoire !

De longues heures passèrent, et il demeura là, immobile, le regard perdu dans un ciel sans étoiles. Il aperçut pourtant son ami

Apostolis et ils échangèrent quelques mots, dénués d'importance et de leur coutumière euphorie.

- Rentre vite chez toi, Leftéris, lui dit-il enfin. Il est presque une heure et demie du matin. Cette journée de mardi sera rude !

Apostolis disparut aussitôt.

Fidèle aux conseils de son ami, il décida alors de rejoindre les siens qui, sans aucun doute, l'attendaient en tremblant. Il n'avait fait que quelques pas lorsqu'il entendit des sons confus mêlés à des raclements. Nul doute, les Turcs entraient en action. Les Grecs criaient, donnaient des ordres au son du tocsin mais impuissants, ils ne pouvaient qu'observer l'ennemi qui avait débarqué de nulle part et armé de pelles, remblayait le fossé face aux murailles. Des hurlements de désespoir se répandirent enfin :

- Attention, un déferlement d'au moins deux cent mille hommes approche ! Sur mer et sur terre ! En rangs serrés comme une corde tressée ! Ils sont partout !

- Regardez là-devant, le sultan a lancé son ramas de canailles ! Le rebut des troupes ! Des vieillards et des enfants, des paysans et des vauriens ! Tous ces malandrins qui ont rejoint l'armée dans l'obscur espoir d'un butin !

- Ou du martyre… Ils se voient déjà dans les jardins du paradis, aux bras de leurs houris à demi-nues ! On les aura, mes frères, la Ville est à nous, pas à ces brutes !

En effet, Mehmet avait lancé l'assaut avec une première vague de bachibouzouks et de volontaires. Certes, il les savait peu fiables mais ne parviendraient-ils pas, somme toute, à épuiser les défenseurs ?

Les Ottomans les plus hardis qui escaladaient les murs furent précipités dans le vide. Le fossé se remplissait de cadavres qui tenaient lieu de pont aux autres soldats. Derrière les créneaux, l'empereur hurlait :

- Délivrez la Ville de ces assassins !

Giustiniani, le Génois qui avait reçu la responsabilité de la défense des murailles et les avait fait restaurer lors des offensives des deux derniers mois, faisait preuve d'un étonnant courage malgré ses blessures. Doté du meilleur armement à la disposition des assiégés, il repoussa enfin les soldats du sultan. Mais voilà que derrière eux, se présentait déjà la ligne des sergents, doublée elle-même d'une multitude de janissaires qui, assurément, se chargeraient de ceux qui d'aventure, chercheraient à déserter.

Leftéris décida alors de rejoindre ses frères assiégés et comme eux, il assista à cette immense bousculade ottomane qui précéda la seconde agression. À nouveau ce fut des cibles de choix pour les archers byzantins et les arbalétriers génois.
- Vite, remblayez ! cria-t-il.

Mais une explosion venait de retentir : un énorme boulet de canon avait percé la muraille et les Turcs s'engouffraient maintenant dans la Ville. Les Grecs étaient partout, les moines au bord de la mer de Marmara, les soldats vers la vallée du Lycus ; ils étaient peu mais ils étaient là, enragés malgré l'épuisement. Une fois encore, ils parvinrent à les repousser hors des murs. Au nord, de leur côté, les Vénitiens avaient, eux aussi, contraint ces démons acharnés et leur général Zaganos, ce pacha albanais, le mentor du sultan, à reculer.

Leftéris tituba. Un dégoût. La nausée du mal de mer enserra sa poitrine autant que le diable enserrait sa ville. Comme un marin ivre malmené par le roulis d'un navire en détresse, il vacillait. Il se contracta. Il voulait vomir pour chasser ce monstre qui le hantait. En vain. Plus il cherchait à le chasser de son corps et plus il lui résistait. Terrée au fond de ses entrailles, la bête plongeait ses griffes dans son cœur. La voilà qui chantait tout à coup. Quel était ce calme assourdissant, ce silencieux vacarme ?

Le coup d'envoi du troisième déferlement avait été donné.
Ils n'eurent pas le temps de réparer les murs qu'une pluie de projectiles s'abattit sur eux. S'encourageant de chants rauques et lancinants, un essaim de janissaires avançait, canardait, reculait pour laisser place au feu des canons, revenait, tirait de nouveau. Les assauts se multipliaient et pourtant, les Byzantins leur tenaient tête.
- Nous les aurons, Dieu est avec nous, tirez ! s'écria Giustiniani hors d'haleine. Tuez, encore, encore !

Mortellement blessé, il s'écroula.

Dans la panique, les Génois s'enfuirent, laissant les hommes seuls, acculés contre le rempart intérieur ou courant dans les douves pour endiguer le flot ottoman. Constantin et ses plus nobles compagnons tentaient encore d'organiser la défense byzantine dans la vallée du Lycus, mais la situation était déjà perdue. Lorsqu'il tomba lui aussi lors des ultimes combats, la déroute fut générale. Partout les Byzantins perdaient du terrain. Tous s'enfuyaient du côté de la Ville. Les vainqueurs les poursuivaient et passaient par le fil de l'épée chaque chrétien qu'ils rattrapaient. Pris par l'euphorie de la victoire et leur goût maladif du lucre, les marins turcs quittèrent leurs navires et rejoignirent les janissaires pour participer, eux aussi, au pillage de la Ville promis par Mehmet.

Quant à Leftéris, il en avait oublié les siens. Étaient-ils seulement encore en vie ?

Après une course effrénée, parvenant enfin à distancer les deux Turcs qui le pourchassaient, il arriva près de sa maison. Il passa devant la petite porte qui de la rue menait à sa cave, s'arrêta et s'épongea le front. Puis, il poussa la porte contiguë, ferma les trois ferrures martelées et se jeta sur un fauteuil.

Sa femme, Photine, vêtue de sa vieille robe de toile beige des mauvais jours, remuait nerveusement les tisons froids dans la cheminée. Sans même lui adresser un regard, elle soupira :

- Quel est ce bruit terrible qui a fait trembler les murs, Leftéris ?
- L'horreur, femme, le diable et ses légions !
- Les choses ne se calment pas ?
- Attends, arrête de parler et laisse-moi barricader la porte. Nous discuterons après.
- Tu l'as fermée, Leftéris !
- Oui, mais cela ne suffira pas à nous protéger. Viens, aide-moi !

Ensemble, ils poussèrent un lourd buffet contre la porte. Leftéris renversa la table et ils l'empilèrent sur le buffet. Il y rajouta les deux fauteuils et un vieux coffre en bois. Puis, comme pour s'assurer de leur résistance, il ouvrit chaque fenêtre et ébranla les grilles d'un puissant coup de poing. Le fer était solide. Il tira les rideaux et enfin rassuré, retourna auprès de sa femme. Il se laissa tomber à ses pieds et la tête entre ses genoux, souffla :

- Voilà. Maintenant, ces fils de catins ne pourront plus rentrer. Où est notre fils ?

- En haut. Il est rentré un peu avant toi.

- Comment ? Tu l'as donc laissé aller aux murailles ?

- Non, il s'y est rendu avec ses amis. Je n'ai pas réussi à le retenir.

- Il n'est pas blessé au moins ?

- Si. Une flèche perdue des archers grecs. Mais rien de bien sérieux, Leftéris, rien de grave !

- Je monte le voir !

Leftéris se leva mais sa femme le retint par la main.

- La flèche l'a touché au mollet, je l'ai pansé. Laisse-le se reposer, il va bien je te dis.

- Bien, Photine, je te crois.

Elle partit à la cuisine et lui rapporta un gobelet d'eau.

- Nous sommes saufs. Raconte-moi maintenant !

Leftéris vida le verre d'un trait et embrassa sa femme tendrement. Il comprenait maintenant à quel point il l'aimait même si, parfois, il se montrait un peu bourru dans ses mots. Vingt-cinq ans avaient passé et Photine avait été à ses côtés chaque jour. Elle avait même appris à lire afin de partager ses passions. Quotidiennement, elle lui demandait de détailler les événements qui ponctuaient ses journées et lui, qui adorait l'instruire, décrivait avec moult détails la situation militaire et politique.

- Les choses sont dramatiques, Photine. Mehmet s'est lancé à l'assaut final à la fois sur terre et sur mer. Tu verrais les navires turcs qui pavoisent sur la mer de Marmara…

- Oh non ! fit Photine. Et leurs autres bateaux ?

- Ceux qui se trouvaient à la Corne d'Or ont envoyé des hommes pour attaquer le rempart tandis que leurs troupes ont traversé le ponton pour venir à bout des Blachernes.

- Vraiment ? Mais c'est juste à côté ! s'écria-t-elle. Que vont donc devenir le domaine impérial, le palais d'Alexis Comnène, celui du Porphyrogénète ?

Elle lâcha la pince à feu qu'à nouveau elle agitait machinalement dans l'âtre et le regarda tristement :

- L'incendie qui a détruit notre basilique Sainte Marie il y a vingt ans ne suffisait-il pas ? Ces meurtriers vont arriver ici... Sainte Vierge, je t'en prie, garde-nous en vie !

- Calme-toi, Photine, l'heure n'est plus aux réflexions philosophiques, ces musulmans se moquent bien de notre Vierge et de notre civilisation !

Elle se laissa tomber sur un large coussin de velours rouge, posé à même le sol. A nouveau, elle le regarda en étouffant un sanglot :

- A quoi ont servi les efforts des architectes, alors ? Tu aurais mieux fait de nous emmener au loin...

- Ne dis pas n'importe quoi, répondit-il, notre terre passe avant tout ! Nous avons tout fait pour protéger la Ville, mais ils ont le diable dans le sang. Hier dans la nuit, leurs soldats qui s'activaient à l'aide de torches étaient si nombreux que nous crûmes un instant que leur camp avait pris feu. Hélas, Photine, nous nous trompions ! Les Turcs comblèrent le fossé et malgré la pluie battante, ils lancèrent leur artillerie. Les murs sont ouverts, femme ! Tu comprends maintenant ? Les Turcs ont envahi nos rues !

- Mon Dieu ! Et l'empereur, que dit-il ?

- Que voulais-tu qu'il fît, l'empereur ? Aux marées humaines regroupées par Mehmet pour s'emparer de la Ville, Constantin ne put opposer que cinq mille soldats, disons sept-mille avec les Italiens. Tu imagines ?

- Et les autres, ils ne sont pas venus nous sauver ?

- Tu rêves, Photine, l'Occident se moque bien de notre sort ! Nos pauvres bougres ont résisté cinquante-trois jours, ils étaient à bout de souffle et totalement désorganisés face à cette invincible machine de guerre, à ses renforts incessants et à sa puissance de feu. Ces vandales avaient une flotte de plus de cent-vingt navires, comprends-tu ?

- Tais-toi, Leftéris, je t'en supplie. J'ai peur ! L'empereur, dis-moi, que pense notre empereur ?

- Il est mort, Photine. Mort, il est mort, ils sont tous morts ou presque ! Tu saisis ?

- Mais pourquoi un tel acharnement ?

- Ne perdons pas de temps à pérorer, je ferais mieux de nous trouver une meilleure cachette, sinon ils vont nous tuer !

Mais en l'interrompant ainsi, Leftéris comprit qu'il venait d'effrayer sa femme. Il reprit alors son discours :

- Enfin, laisse-moi finir de t'expliquer et tu verras que tu cesseras tes questions. En plus de cette flotte et de leur impressionnante artillerie, ces Ottomans de malheur disposaient de canons capables d'anéantir les murailles. La Ville est tombée par la faute de ce traître.

- Quel traître, tu parles de Mehmet ?

- Mais non, d'Urbain, ce Hongrois diabolique. Cette crapule proposa d'abord son aide à notre empereur mais ce dernier, n'ayant pas les finances suffisantes pour satisfaire l'avidité de l'ingénieur, le voyou n'hésita pas à se tourner vers nos ennemis.

- Comment ? Quel vendu !

- Comme tu dis. Et non content d'avoir conçu un des canons de Rumeli Hisār, la forteresse de Mehmet, il en fabriqua un autre. Un canon de huit mètres, tu entends ? Capable de projeter sept boulets de près de six-cents kilos à la journée. Que dire, Photine, tu n'es pas assez sotte pour imaginer que ce Mehmet, ce jeune homme cultivé qui n'a jamais hésité à faire scier en deux ou empaler les chefs ennemis, aurait eu subitement pitié de nous ?

En larmes, il finit par se taire. De longues minutes s'égrenèrent avant qu'il ne retrouvât le souffle. Il se leva et enserra sa femme de ses bras épuisés :

- Ma Photine, hier soir, notre empereur Constantin est allé communier à Sainte-Sophie avec tous ses officiers. J'y étais aussi, c'est là que j'ai appris ces nouvelles. C'était mauvais signe, il savait sans doute que la chute était imminente. Comprends-tu maintenant ? Ils sont passés à l'attaque cette nuit ! L'empereur est mort, Giustiniani est mort, nos frères sont tous morts et les janissaires arpentent nos rues pour achever leur macabre besogne. Pour sûr, ils vont massacrer tous ceux qu'ils croiseront !

Une porte claqua.
Photine pâlit et saisit ses deux mains :
- Ils arrivent, fuyons, Leftéris, je t'en supplie ! Ne les laissons pas tuer notre fils !

- Arrête, c'est le vent. Ces Ottomans nous ont déjà volé un fils il y a quelques années, tu ne crois pas que je vais les laisser prendre aussi notre aîné ?

- Non, je le sais, Leftéris.

- Bien ! Alors laisse-moi réfléchir une seconde, Photine. Fuir est impossible, nous sommes encerclés. Je vais descendre à la cave et tacher de vous ménager un abri de fortune.

- On a barricadé la porte principale, Leftéris. Tu ne peux plus sortir par-là !

- Chut, ne crie pas ! Je vais faire comme les domestiques et descendre par la cuisine. Je dois aussi condamner la porte de la cave qui donne sur la rue, cela pourrait être dangereux.

- Tu as raison, ne perds pas une seconde, vas-y vite !

- Quand tout sera prêt, je reviendrai vous chercher. Nous serons plus en sécurité en bas et avec un peu de chance, ces suppôts de Satan ne nous y trouveront pas. D'ici-là, retourne soigner Akylas. Aide-le à descendre doucement jusqu'au salon et attendez-moi. Surtout, prenez garde et ne faites aucun bruit !

III

LA CHUTE

Cette porte qui avait claqué…

Leftéris jeta un regard distrait au travers des grilles entrelacées et s'empressa de traverser la cuisine.

Dehors, les hurlements se mêlaient aux tirs des armes à feu et aux cavalcades des assiégés qui cherchaient un lieu sûr où se mettre à l'abri. La défense des Blachernes ayant cédé, les Vénitiens tentaient de fuir vers leurs navires de la Corne d'Or qui, hélas, étaient pris aussitôt en tenaille par la flotte ottomane. Des quartiers entiers se rendaient sans combattre pour éviter les destructions. Constantinople était mise à sac par les marins et les soldats irréguliers, tandis que les janissaires se répandaient dans les rues. Les vainqueurs s'offraient le droit de piller la ville, de violer et de tuer à qui mieux mieux. Qui ne mourait pas deviendrait esclave…

Il fallait agir vite.

Leftéris se saisit d'une torche, déverrouilla la porte de service qui menait à la cave et fit un pas vers l'escalier étroit. Il eut juste le temps de la refermer derrière lui lorsqu'en un éclair, il aperçut, dos au mur tel un voleur sournois qui surgit de l'ombre et s'apprête à commettre le mal, un homme qui montait. Il se précipita sur lui et hurla :

- Arrière janissaire ou je tue !

D'une force décuplée par la stupeur et la colère, il lui asséna aussitôt un violent coup de poing, suivi d'un autre et d'un troisième doublé d'un coup de genou à la hanche. Le soldat s'affaissa, lâcha la hache qu'il tenait en main, perdit son haut bonnet d'où pendait un voile blanc. Emmêlé dans ses robes de laine, son écharpe bleue de drap grossier, ses épaulettes courbes et pointues, ses bottes rouges de cuir et son ceinturon duquel pendait un yatagan, il dévala sur le ventre comme une pesante boule les marches acérées de l'escalier de pierre. Tandis que sa tête heurtait incessamment le sol, ses bras et ses jambes les murs de pierres mal taillées, Leftéris le suivait de près. Il tira la dague qui ne le quittait jamais.

Lorsque, front à terre, le janissaire arriva à la cave, il ne bougeait plus. Leftéris déposa promptement la torche sur un crochet prévu à cet effet et cracha sur le corps.

- Infâme pourriture, tu fais le mort ?

Il lui porta un fort coup de pied à la tête. Quand un râle sourd se fit entendre, Leftéris ne put se contenir.

« Ce soldat qui incarnait l'ennemi, une armée tout entière, pensa-t-il… Il allait payer, ce janissaire ! Combien d'amis avait-il massacrés ? Combien de cœurs avait-il fait cesser de battre ? Combien de larmes avaient été versées au nom de son sultan ? »

Il retourna le corps presque inerte, le roua de coups, le cogna encore de ses bottes. Il s'acharna tant et tant qu'une mare de sang s'écoula de sa bouche.

Le vacarme des armes qui avaient été précipitées dans l'escalier avait ameuté Photine. Leftéris entendit la porte de la cuisine s'ouvrir. Il monta les marches quatre à quatre et murmura avant de refermer la porte :

- Ce n'est rien, femme, j'ai fait rouler le tonneau du palier jusqu'en bas, tout va bien. Retourne au salon !

Afin de s'assurer que Photine ne tenterait pas une autre incursion, il planta profondément la lame de sa dague entre le chambranle et le mur. Condamnant ainsi la porte une fois pour toutes, sa femme ne risquait pas d'être confrontée au Turc.

Enfin, il redescendit.

Il passa près du corps, lui jeta un regard de mépris et s'affaira à bloquer cette porte qui donnait dans la rue et avait claqué. Tout d'abord, Leftéris l'entrebâilla et se pencha prudemment à l'extérieur. Étrange… Que signifiait ce fanion que l'intrus, avant de pénétrer dans la cave, avait pris la précaution de fixer à l'extérieur ? Pour quelle raison certaines façades portaient ce signe et d'autres pas ? Pourquoi paradoxalement, la porte principale de sa maison, elle, ne l'avait pas ?

Leftéris la referma, tira les verrous, rajouta quelques planches, cala devant elle un tonneau de pommes desséchées et s'assit sur une marche. La tête entre les mains, il réfléchit.

Les janissaires - il le savait - étaient dressés à agir en groupe ou individuellement. Lorsqu'ils sévissaient dans un lieu, ils le marquaient. Ce fanion était-il donc le message que laissait l'Ottoman à ses frères semeurs de misère ? Insinuait-il : « Ici, c'est fait, plus personne à tuer ou à violer, plus rien à dérober » ?

Il se releva et s'approcha du corps qu'il ébranla de la pointe de sa botte.

- Tu es mort ?

Le janissaire ne répondit pas. La face empourprée de sang, le front profondément entaillé, les lèvres bleues et enflées qui laissaient entrevoir un trou béant et enfin, le morceau de langue coupé et collé sur le menton auguraient une mort lente et certaine par étouffement.

Leftéris posa un genou à terre.

- Ainsi, tu voulais me tuer…

Une bulle de sang se forma sous son nez, très nettement brisé lors de la chute, et éclata sur le maxillaire inférieur, lui-même sorti de son articulation. Leftéris dévisagea l'abominable individu :

- Ah, tu vis encore ! Certes, la vermine est increvable, dit-on ! Allez charogne, lève-toi et viens te battre !

L'homme totalement défiguré ne bougea pas.

Leftéris s'assit sur le sol, releva un genou et y posa son coude.

- Finalement, il n'existe pas de plus grand bonheur que de voir crever le diable qui a voulu te tuer et massacrer les tiens, le sais-tu, ordure ?

Leftéris soupira et cracha à nouveau. Comme s'il escomptait que cessât enfin le cauchemar, il se frappa le front et tourna les yeux vers le plafond vouté où pendaient quelques jambonneaux.

Un souffle. Des râles encore…

Perdu dans d'infinies pensées, il pâlit et ses mains commencèrent à trembler.

« Comment lui, Leftéris, avait-il pu commettre le pire ? Ne le connaissait-on pas sage, cultivé et réfléchi ? N'avait-il pas toujours été un mari patient, un père attentif, un architecte appliqué ? Et maintenant ? Le mal l'avait envahi. Il était devenu pareil à ces Ottomans, un meurtrier, un criminel, un sauvage capable de tuer lui aussi. Il aurait dû mourir des mains d'un janissaire et c'était pourtant lui qui, assis auprès d'un être à l'agonie, l'insultait et crachait. Prêt à le faire souffrir encore, s'il tentait de bouger. Prêt à l'achever même. »

Leftéris inspira profondément.

Qui était ce guerrier, devant lui, n'était-ce point aussi un homme ? Sa mort dédommagerait-elle la faute de tout un peuple et de son sultan assoiffé de sang, ce mégalomane cruel connu, en outre, pour maltraiter ses janissaires dont certains, enfants de Grecs, avait été convertis à l'Islam ? Mais l'exécuter... Au nom de quoi, au nom de qui, de quelle ville, de quel dieu ?

Il regarda ses mains et laissa échapper un hurlement. Non ! Décidément, ces mains qui, déjà lors de la prise de la Ville avaient été incapables de tuer, ne pourraient jamais le faire.

Il se leva et se pencha sur le soldat.

- Pauvre type, tu me fais honte, janissaire ! En vérité tu es si lâche d'entrer chez les gens comme un revenant ! Tu crains le fer de la dague ? Oui, tu longes les murs et attaques par traîtrise...

Il passa ses mains derrière les épaules du félon et le redressa en position assise.

- Va, tu ne mérites même pas de mourir ! Comprends-tu le grec au moins ?

Alors que du sang mêlé de dents cassées et de glaires dégoulinait de sa bouche, il hocha la tête en signe d'acquiescement.

Leftéris fit quelques pas vers les sacs de grains proprement empilés dans un coin de la cave. Il en arracha un morceau de jute, se saisit d'un des pichets d'eau qu'il conservait comme de l'or au pied de l'escalier et entreprit de soigner le blessé.

- Voyons un peu à quoi tu ressembles. Il me plaît de voir les yeux de ceux qui veulent me tuer !

Il vida le broc sur la tête du janissaire et, sans délicatesse, le frotta de la toile rugueuse.

Les poings serrés, l'homme grimaça de douleur. Leftéris emplit alors le pot de céramique au tonneau.

- Rien de tel qu'un peu d'alcool pour te désinfecter, quelques gouttes de vin ne tuent pas, même les musulmans les plus coriaces…

Le janissaire tenta de se débattre mais l'afflux de sang qui jaillit à nouveau de sa bouche l'intima de se calmer.

Il laissa donc faire Leftéris qui découpa méthodiquement des bandes de toile dans les sacs et les plongea dans l'alcool. Après les avoir passées sur ses joues et son front, Leftéris ordonna :

- Ouvre la bouche, que je comprenne pourquoi tu ne parles pas !

L'homme s'exécuta avec beaucoup de difficultés.

- Ah, je vois ! Ta denture ressemble à nos murailles après le passage des démons de ton espèce, tu es puni maintenant ! Et ta langue ?

Leftéris décolla le bout de chair du menton et ne put s'empêcher de s'esclaffer.

- Si je veux t'entendre, il faut peut-être que je te la recouse. N'étant ni magicien ni angelot, tu t'en passeras. Cela m'évitera d'ailleurs d'entendre les justifications de tes actes au nom de ce Prophète que de vos mains ensanglantées vous soutenez tous…

Voici un mets de choix pour les rats, rajouta-t-il, cynique, en projetant le petit morceau de langue à l'autre extrémité de la cave. En voilà une au moins qui ne dispensera plus son fiel !

Veillant à ne pas obstruer la gorge afin qu'il pût respirer, il tapissa pourtant la bouche du janissaire de ses bandelettes improvisées. Puis, il se rassit à ses côtés.

- Vingt ans, trente tout au plus et déjà meurtrier ! Penses-tu, malandrin, que tes parents seraient fiers de toi ?

Le janissaire tourna très légèrement la tête et regarda Leftéris. Malgré une corpulence plutôt lourde et un visage fort boursouflé et totalement difforme, il parut à Leftéris que l'homme n'était pas aussi hideux qu'il se l'était imaginé. Il confronta son regard aux grands yeux noirs, presque doux du soldat. Ils lui semblaient finalement plein de remords. Néanmoins, l'individu les baissa aussitôt.

- Tu as voulu me faire payer ta pitoyable vie ? fit Leftéris. Je sais qu'à vous, janissaires, est imposée une stricte discipline. Ils font de vous des esclaves-soldats, forgent vos corps, domptent vos esprits. Oui, je sais… Tu me diras qu'en tant que corps d'élite, vous jouissez de quelques privilèges : s'il n'est pas souillé du sang de vos méfaits, vous portez par exemple un uniforme somptueux ! Mais à la moindre incartade ? Les geôles, les coups, parfois la mort…

Leftéris marqua une hésitation et reprit son monologue.

- Me voilà donc face à un dilemme. Je pourrais te jeter dans la rue. Les tiens viendraient-ils te sauver alors qu'ils sont tant occupés à opprimer mon peuple, ou te laisseraient-ils crever ?

Leftéris soupira. Il semblait hésiter.

- Mais je peux aussi te rendre à tes chefs dans trois jours, lorsque ton Mehmet aura investi la Ville. Dans tous les cas, il me soumettra, je serai son prisonnier… Mais que fera-t-il de toi ?

32

IV

L'INNOCENT

Des heures passèrent sans que Leftéris n'ouvrît la bouche. Jetant de temps à autre un coup d'œil à l'individu, il s'activa ci et là, déplaça des tonneaux, mit de l'ordre dans ses outils et répara quelques vieux objets. Le janissaire croisa les mains sur sa poitrine et ferma les yeux.

- On a dû te dire souvent que le noir de ton regard est fort impressionnant, fit Leftéris. Dommage pourtant que tu sois incapable de regarder les gens en face. Cette sournoiserie me rappelle mon fils…

Le janissaire tressauta et émit quelques sons inaudibles.

- Du calme, soldat, n'essaie pas de parler, tu vas faire monter le sang. Oui, tu vois, j'avais deux fils, du même âge que toi, je suppose. L'aîné se nomme Akylas.

Il s'interrompit un instant.

- Mais arrête de gémir, reprit Leftéris, ce n'est pas de lui que je veux te parler ! Celui-là, rien ne le détourne de la droiture, il est brillant, juste et honnête ! Que dire ? Si ces Ottomans n'avaient pas essayé de nous tuer et qu'il ne devait pas, aujourd'hui, lutter contre une vilaine blessure, je serais le plus heureux des hommes ! Mais il s'en sortira. Il est solide Akylas, c'est ma fierté celui-là !

Le janissaire regarda fixement Leftéris qui poursuivit :

- Écoute plutôt ce que je vais te raconter, on a trois jours à passer ensemble, je te rappelle. Incapable de nuire comme tu l'es, je pourrais même te présenter ma famille. Peut-être en tirerais-tu un enseignement ?

Dos au mur, Leftéris s'assit en face du guerrier et le considéra de bas en haut.

- Le second, donc… Il était aussi lâche que toi qui oses traverser la Ville en tenue de parade par un jour de bataille. Veux-tu connaître son histoire ?

Sans même se préoccuper d'une quelconque réaction, Leftéris enchaîna :

- Pour que tu comprennes, il faudrait d'abord que je te restitue les choses car je suppose que tes connaissances de l'histoire byzantine regorgent de lacunes... Sais-tu par exemple que, dans les années 20, après que Mehmed Ier ait entretenu des relations presque cordiales avec nous les Byzantins, l'avènement de Murad II marqua, par contre, le réveil de la barbarie ? Notre empereur lui préférait Mustapha, son rival… Imagine alors la vengeance ! Le voilà donc, ce voyou, qui se présente en 1422 devant la Ville avec ses canons, nous bombardant par-dessus les murs d'une pluie de pierres et de feu. Tu n'étais pas né toi, tu ne sais même pas ce que les tiens nous ont fait subir ! C'est grâce à la protection de notre vierge Théotokos et sans doute aussi à l'insuffisance de leurs forces que nous réussîmes à faire reculer ces mécréants. Ainsi, ils se retirèrent finalement, mais voilà la conclusion à laquelle je voulais en arriver : vous passez votre temps à nous persécuter !

Dans un geste d'énervement, Leftéris attrapa au sol un crochet à jambon et le lança contre le mur. Il rebondit et retomba au pied de l'escalier.

- Mon métier d'architecte m'entraînait donc chaque jour déjà aux abords des murailles afin de réparer vos dégâts. Voilà, comme si les séismes ou les caprices climatiques ne nous suffisaient pas ! Quelques années plus tard, en cette cruelle année 1430, après qu'il nous eût pris Ioannina, Mourad II, votre grand sultan, parvint à mettre Thessalonique à sac et à réduire sa population en esclavage. Entre nous, si les Vénitiens croyaient alors qu'ils pourraient acheter la paix contre quelques aspres d'argent, ils se fourvoyaient : leurs marins furent exécutés et le peuple fut fait prisonnier…

Bref, je m'égare, je ne vais pas m'appesantir sur vos forfaits ! Où en étais-je encore ?

Oui, quelque temps plus tard donc, par un beau matin de l'été 1431, alors que j'inspectais les abords de nos frontières afin d'éviter une incursion de cette bande de chiens galeux en territoire impérial, j'entendis un petit cri s'échapper d'un amas de bottes de foin. Je me trouvais en terre ottomane, la prudence était de mise ! J'hésitai un instant et discrètement l'approchai. Devine ce que je découvris !

Le janissaire tressaillit et le regarda interrogativement.

- Un bébé ! Un tout jeune enfant âgé de quelques mois qui me sourit aussitôt. Brun, basané, de la vraie graine de Turc ! Je regardai à la ronde : personne ! Qui avait bien pu jeter ce gamin, et pourquoi ?

Une expression d'effroi traversa le regard du soldat. Leftéris murmura :

- Que pouvais-je faire ? Il ne me semblait pas que ce fût un piège, il n'y avait alentour ni village ni camp ottoman…

C'est alors qu'il me vint à l'esprit une phrase que m'avait dite mon père alors que je n'avais pas dix ans :

« Je t'ai appelé Leftéris, le « libre », car je veux que tu façonnes toi-même tes pensées et ton avenir, que tu sois libre de tes choix et de tes décisions. Tu choisiras toi-même ta vie, tu choisiras ton dieu, ta femme et tes amis. Si un jour un Ottoman venait à te tuer, mon fils, qu'il sache ce vaurien que la mort n'entravera point ton corps, encore moins ton esprit. »

Aussi, me dis-je à cet instant : « Leftéris, c'est un Turc, la décision t'appartient ! » Qu'aurais-tu fait, toi janissaire ?

Stupéfait, ce dernier porta la main à sa bouche.

- Je saisis le gamin, regardai une fois encore à droite, à gauche, et m'enfuis, courant comme un insensé, le bébé dans mes bras. Je me souviens que ce qui me frappa particulièrement est que le gosse ne pleurait pas. Tout au long de ma course, il me regarda de ses immenses yeux d'ébène et me sourit. Des yeux presque trop grands pour ce petit visage, comprends-tu ? Deux ou trois dents tout au plus ! Nu comme un ver ! Depuis quand était-il là, qui avait pu commettre un tel péché ? Naturellement, ce n'est pas lui qui pouvait me le dire !

Hors d'haleine, je franchis enfin la porte de Charisius, marchai encore et m'assis au pied de la tour d'Isaac Ange. Les murs comportaient-ils des brèches ? L'ennemi avait-il encore sévi ? En vérité, plus rien ne m'importait, janissaire. Une seule question tournait dans ma tête : qu'allais-je faire de ce gosse ? L'abandonner en territoire grec afin qu'une femme compatissante le ramassât ? Le déposer devant le palais de l'empereur ? C'était l'exposer à un risque évident, on l'aurait peut-être mis à mort...

Des pas se firent entendre dans la rue. Leftéris posa un doigt sur sa bouche, laissant comprendre à l'intrus qu'il lui interdisait le moindre souffle. Quand la menace s'éloigna, il reprit :
- Avais-je alors d'autre choix que d'offrir ce marmot à Photine qui, depuis peu, m'en réclamait un deuxième ? Lorsque j'arrivai à la maison et déposai l'enfant au milieu du salon, je lui dis simplement :
« Femme, je te présente notre nouveau fils ! »
Elle se saisit immédiatement du bébé et répliqua :
« Le ton que tu emploies est si doux qu'on dirait que tu parles d'une divinité. Qui est cet enfant, Leftéris ? »
Et sans attendre ma réponse, ma bonne épouse héla notre fils aîné et lui montra le petit Ottoman :
« Akylas, voilà ton petit frère ! »

Fort ému, le janissaire semblait exténué. Leftéris, lui-même anéanti par les dernières épreuves, aida pourtant le soldat à s'allonger, posa délicatement des bandelettes de jute imbibées d'eau sur son front et ses lèvres puis enleva sa propre chemise qu'il roula et glissa sous sa tête. Enfin, il ramassa sa hache tombée au pied de l'escalier.
- Repose-toi maintenant, janissaire ! Puisque mon histoire semble t'intéresser, je te raconterai la suite plus tard.

V

KURBAN

« *Il n'y a personne parmi nous qui n'ait une place désignée.* »
(Coran, 37-164)

Lorsque bien plus tard le janissaire ouvrit les yeux, il fut fort étonné d'apercevoir Leftéris, debout sur un tonneau, occupé à découper à coups de hache un jambon suspendu à la poutre.
- Tu en veux un morceau, musulman, c'est ça ou du rat, tu choisis !
En réalité, Leftéris était un homme bienveillant et serviable. Elevé dans l'équité par des parents plutôt aisés dont les valeurs étaient l'honneur, la fraternité et le rire, il avait appris à respecter les Ottomans, leur religion et leurs coutumes. Son rêve ? Que Grecs et Turcs parvinssent à se réconcilier enfin, bien qu'au plus profond de son cœur, il n'y croyait plus.
Il avait néanmoins un défaut que même ses plus proches amis, Apostolis, Iannis et les autres lui reprochaient parfois : fort ironique, Leftéris pouvait se montrer insolent et utiliser les armes de la provocation chaque fois qu'il se sentait en danger.
Il s'en excusa auprès du janissaire :
- Pardonne-moi, je n'insulte pas ta religion ! Je plaisante car il n'y a rien d'autre à manger ici. Si, attends ! Puisque tu ne peux plus mâcher, je vais te couper de minuscules morceaux de pommes qui fondent dans la bouche. Tu veux ? Tu sais, je n'ai rien contre toi personnellement, tu fais ton métier ! Comme le lion obéit à son instinct, toi tu obtempères aux ordres d'un sultan tyrannique... C'est l'alliance des énergies qui fait la force de la mer, chaque vague séparément n'est pas si dangereuse ! Après tout, même si tu

37

as dû en baver, tu ressembles à un brave gars avec ce regard débonnaire.

Il écrasa un fruit sous son poing et en exprima la pulpe dans la bouche du blessé. Ce dernier lui attrapa la main et la porta à son cœur. Fort troublé par ce comportement, Leftéris choisit pourtant de ne rien laisser paraître de son attendrissement. Plusieurs fois, il se pencha sur lui, le nourrissant et l'humectant du mieux qu'il le pouvait. Quand il estima que le janissaire avait repris quelques forces, il lui dit :

- Il faudrait vraiment que je me décide à nettoyer ton visage avec beaucoup plus d'application. Tu me fais peur, tu ressembles à un loup qui vient d'égorger sa proie et dont les babines ruissellent encore de sang ! Si tu te voyais… Les yeux comme des soucoupes violettes, le bout du nez qui regarde ton pied gauche, la bouche semblable à une figue éclatée sur le pavé… Mon pauvre ami, ce n'est pas demain que tu trouveras femme pour t'aimer ! Veux-tu au moins que je te donne un petit coup sur la mâchoire pour te la raccrocher ?

Le janissaire haussa lentement les épaules. Leftéris comprit alors que la douleur déjà endurée par le soldat ne lui permettrait pas, du moins dans l'immédiat, de lui rendre une apparence humaine.

- D'accord, soldat. Bien que Photine doive se demander ce que je bricole, j'attendrai donc pour te présenter aux miens. Veux-tu que je te parle du gamin pour oublier ton calvaire ?

Il acquiesça.

- Alors, je te disais que le bébé était chez nous, à l'abri, n'est-ce pas ?

Je décidai donc, dès le lendemain, de retourner sur les lieux de son abandon.

Rien, personne. Un jour, deux, trois…

Au matin du quatrième, j'y aperçus un vieil Ottoman assis non loin du tas de foin. Je dois bien reconnaître que cet homme m'intrigua aussitôt et en rien ne m'effraya. Vêtu d'une longue chemise blanche, un fez rouge planté sur le haut de la tête, il me regarda sans un mot, un sourire à la bouche. Je m'approchai donc afin d'échanger les quelques banalités que dicte l'usage. Fort courtois, il s'appliqua à me parler en grec tandis que j'enchaînai en turc pour lui faciliter la tâche. Il me demanda si j'avais du temps devant moi, il voulait me parler. Avec mon accord, il me fit asseoir auprès de lui, me tendit quelques fruits secs et d'une voix lente et emplie de bonté, il me dit :

« Mon frère, je te remercie. Qu'Allah te garde et te protège chaque jour de ta vie.

- Pourquoi ? fis-je. Ton dieu s'intéresse-t-il aux Byzantins ?

- Mon dieu est miséricordieux. C'est lui qui t'a mené ici et t'a confié Kurban.

- Kurban ? Est-ce là le nom de ce bébé que j'ai trouvé ici ? Tu le connais donc ?

- C'est mon petit-fils, soupira-t-il. Je suis son aïeul, son grand-père, comprends-tu ? »

Leftéris regarda fixement le soldat et poursuivit :
- Et vois-tu, janissaire, ce pauvre vieillard s'effondra en larmes. J'étais moi-même tant impressionné par cet homme au visage creusé par les rides du malheur. Si beau, si fier et pourtant si fragile ! Quand il s'apaisa, il finit par me dire :
« C'est moi, brave Grec, qui ai déposé cet enfant ici avant de me cacher plus loin. Il est écrit dans le Coran que chacun a sa place sur terre et au ciel. J'ai longuement prié et je t'ai vu approcher. Dieu est si grand ! »

Dissimulant son émotion, Leftéris ne put s'empêcher d'exploser d'un rire qui résonna dans la cave. Conscient aussitôt de son erreur et du danger que représentait le moindre bruit, il bafouilla :
- Allah est grand… C'est lui qui me l'a dit ! Tu vas comprendre, soldat, le cadeau divin qu'il m'a fait !

Le janissaire s'étrangla mais Leftéris, convaincu que la compassion entre coreligionnaires en était la cause, n'y porta aucune attention. Il continua :
- Et voilà ce que me raconta ce vieux Turc qui vivait donc non loin de nos murailles :
« Kurban naquit dans un petit village au bord de la mer Noire, par un soir étoilé de la fin de l'été 1430. Bien loin des affrontements sanglants, sa mère, Hanife - et je te prie de noter, Grec, que ce

nom signifie « la vertueuse » - était heureuse. Après avoir donné la vie à deux garçons, elle allait maintenant connaître cette sorte de glorification personnelle qu'est le fait d'engendrer un être qui lui ressemblerait, cette petite fille qu'elle avait tant désirée. Son père, c'est-à-dire mon fils Faruk, était - disait-elle - un « individu incapable puisqu'il n'avait conçu, jusqu'alors, que des enfants mâles ». Il est certes vrai que mon fils n'avait pas toujours été angélique... »

- À cet instant, janissaire, le vieillard se tut puis se mit à tousser. Alors je le regardai affectueusement. Il me touchait au cœur, le bougre ! Afin de ne point le perturber, je changeai même de place et m'assis à sa gauche. Notre homme tremblait... Il faisait chaud pourtant, si chaud que même les oiseaux se taisaient. Quelle était ce secret qu'il essayait de me dire, était-ce donc si déshonorant ? Il me jeta un coup d'œil, posa une main sur mon genou, essuya son visage de l'autre et continua :
« Mon fils, oui... Incorporé de force dans l'armée régulière lors d'une levée de troupes après avoir croupi quelques années dans les geôles du sultan pour vols répétés, il s'était néanmoins assagi. Mais tu aurais entendu l'autre... « Où est-il ? » hurlait-elle lorsque l'enfant entrevit la lumière de la vie qu'elle ponctua de tragiques hurlements. Qu'avait-il de plus important à faire ? S'était-il enfui, comme le prétendait la garce, avait-il véritablement affirmé que « son métier de marmiton des troupes l'appelait à nouveau auprès des janissaires et qu'il ne pouvait guère attendre ? »
Tu penses, Grec ! S'il était parti, mon fils n'avait-il pas ses raisons ? Devenu enfin sérieux, il se devait de nourrir cette famille et en matière d'accouchement, il ne connaissait rien : c'était, naturellement, une affaire de femmes ! Aurait-il été, en outre, assez habile pour affronter la colère maternelle s'il était venu au bébé l'idée facétieuse de naître garçon ?
Faruk avait été marié à elle selon ma volonté. Désormais, quel choix s'offrait à lui sinon celui d'accepter ce destin qui le plongeait sans cesse dans les remontrances et les colères de la diablesse ? »

- A nouveau, soldat, le vieillard s'interrompit. Quel était cette peine qui rongeait le petit cœur de cet homme si juste, si franc et en même temps si humble ? Je crois, soldat, que jamais homme ne m'a frappé plus que lui.

C'est avec les mains tremblantes qu'il reprit sa confession :

« La demoiselle, pourtant de famille fort modeste, avait décidé depuis l'enfance qu'elle ne se plierait pas aux préceptes masculins. Quelle était cette valeur que prétendaient posséder ces hommes et les rendaient supérieurs aux femmes ? s'indignait-elle… N'était-elle pas, elle, obligée de concevoir ces bons à rien, ces grouillots ou ces potiers, ces pachas ou ces malandrins qui molesteraient et domineraient tôt ou tard leurs épouses soumises ? Ses deux premiers enfants, Fatih neuf ans et Fevzi cinq ans, étaient fort occupés dans le champ voisin à dépecer un chien mort lorsque tomba la nouvelle : leur petit frère venait de voir le jour et de par son poids très exagéré, il avait déchiré les organes sacrés de sa mère.

Hanife l'appela donc Kurban, « le sacrifice ». Une fois encore, elle s'était dévouée en offrant son corps à la maltraitance masculine. Une fois encore, elle avait donné son sang vainement en mettant au monde un homme.

Imagine, Grec, que le gosse s'endormit avec un sourire d'ange sur une paillasse décolorée, jetée à même le sol d'une cuisine ruisselante de graisse. Que percevait-il de cet univers qui l'attendait ? »

Leftéris se rapprocha du janissaire et prit sa main entre les siennes. Il lui murmura :

- Quelle misère… Comprends-tu, soldat, dans quel état se trouvait ce vieil homme quand il me raconta cette histoire ? Il hésitait à parler, à dévoiler sa sensibilité, à se confier. C'était un brave, lui, de ceux qui se taisent et meurent debout sans un râle ! Je lui caressai la joue : je voulais qu'il sache qu'il pouvait me faire confiance, il était déjà un frère pour moi ! Il l'avait sans doute compris, d'ailleurs, puisqu'il laissa se répandre sur mon épaule toutes les larmes de son corps. Ecoute plutôt ce que bien plus tard il ajouta :

« Dans les semaines qui suivirent sa naissance, Hanife, qui n'avait pas eu la chance d'être aidée par sa mère demeurée à Bursa ni par mon épouse malade qu'au demeurant elle haïssait, s'organisa : puisque son époux méprisable lui préférait les gamelles et n'hésitait pas à disparaître parfois pendant des mois lors de longues batailles, elle ne perdrait pas son temps avec ses enfants. Elle n'avait guère que vingt-cinq ans et ses deux fils aînés seraient certainement bien assez astucieux pour se charger du petit ! Alors, à l'insu de son époux, elle alla, comme avant, rejoindre des hommes qui lui donnaient trois pièces pour être heureux l'espace d'un moment...

Quelle honte, mon ami, qu'Allah la punisse un jour ! »

- A cet instant, janissaire, je t'assure que je compris que les séismes, les inondations ou les tyrans qui détruisent les villes sont bien peu de choses. Quel opprobre, quelle humiliation venaient soudain de couvrir le visage de ce malheureux !

Il allongea ses bras et priant, sanglotant, implorant, il ouvrit les paumes de ses mains afin que son Créateur lui pardonnât. Quand il poursuivit son discours, c'est moi qui regardais le ciel...

« Pourquoi, Dieu, Allah, - appelons-Le comme on veut, janissaire - pourquoi t'acharnes-Tu ainsi sur cet homme fatigué ? Pour quelle raison veux-Tu le détruire ? » hurlai-je !

Mais le vieux musulman, cherchant à se soulager d'un poids, continua sa confession :

« Ecoute ! fit-il. Dès que le soleil était couché et qu'elle pouvait s'apparenter à tous ceux qui erraient encore dans le village, Hanife se parait des guenilles de mon fils qui la faisaient ressembler à un homme et telle une ombre, se précipitait près des écuries de la garnison, à l'affut du client.

Si, selon les lois de l'Islam, elle commettait un des crimes les plus graves, elle n'était cependant pas dupe : elle savait bien que si son mari Faruk l'apprenait, quatre témoins lui seraient nécessaires pour le prouver. S'il ne les trouvait point, sa plainte serait traitée comme fausse accusation et c'est lui qui serait poursuivi et banni. D'ailleurs, mon fils qui travaillait comme un damné n'avait pas le temps d'avoir d'amis, ni même d'être au fait des rumeurs villageoises. Elle pourrait donc toujours lui raconter qu'elle participait au nettoyage des maisons ou des box à chevaux de ses clients ! Pourquoi se serait-elle privée de cette activité qu'elle chérissait tant ? Elle aimait profiter des hommes, elle adorait qu'ils crachent leur argent, elle les méprisait, elle les haïssait ! Il leur fallait payer pour qu'ils apprennent enfin qui, des hommes ou des femmes avait la suprématie sur les autres. Elle aurait mérité la lapidation, oui ! Les femmes, disent à raison nos livres religieux, peuvent facilement être trompées par des pensées mauvaises ou perfides, elles ne peuvent contrôler leurs propres appétits et toujours ouvertes à la tentation, elles donnent des envies aux plus louables des hommes qu'elles égarent hors du droit chemin...»

- Notre homme souffla profondément et avec ces soupirs que seul un agonisant est susceptible d'exhaler, il termina :
« L'aîné de mes petits fils, Fatih, devint donc chef de famille. Il nourrissait le gamin de tout ce qu'il trouvait et, lorsque ce dernier criait trop fort, il le frappait d'un revers de main. Parfois, alors que son père revenait enfin d'une campagne lointaine tandis qu'une fois encore, sa femme était sortie, il lui racontait la méchanceté du bébé et pleurait l'absence quasi permanente de sa mère. Alors, désespérant de la situation qu'il avait fort bien comprise, Faruk sombra progressivement dans le péché de la boisson et découragé, menaça maintes fois d'abandonner l'enfant aux chiens errants. Je l'en savais capable...»

- C'est ainsi, janissaire, que le soleil, mélancolique, se cacha derrière le seul nuage du ciel. La nature communiait avec lui, fermait les paupières, s'étouffait puis s'éteignait.
Un dernier instant, le vieil homme me regarda et pourtant, cette fois-ci, il ne baissa point le regard. Les dents serrées, brave jusqu'à la fin, il ajouta :
« Voilà Grec. Kurban n'était âgé que de trois mois lorsque sa mère décida de quitter la famille. Mon fils confia alors le marmot à une voisine, trop pauvre pour le garder bien longtemps, puis à une autre qui elle-même avait huit enfants, trouva enfin une troi-

sième gardienne et une quatrième. Nous sommes tous si misérables au village !

Jusqu'à ce fameux jour de l'été 1431 ou moi, pauvre pêcheur souffreteux, incapable de nourrir une bouche supplémentaire, je pris la décision de remettre le gamin à un tout autre destin, selon la volonté d'Allah. Seul Lui saura te remercier autant que tu le mérites ! Je te reverrai mon frère…»

Le janissaire tremblait d'émotion. Le regard sévère, Leftéris ajouta :

- Alors, soldat, toi qui as voulu me mettre à mort, qu'en penses-tu maintenant ? Crois-tu que le rêve de ce vieillard était de confier ce gamin à un Byzantin ? Certes non ! Mais vois-tu, lui a su faire fi de nos affaires politiques, il l'aimait cet enfant ! Qu'en dis-tu désormais, n'eût-ce point été un comble que je périsse de la main d'un Ottoman ?

VI

L'AFFRONT

- Sans doute, janissaire, te demandes-tu pourquoi je te raconte ma vie ? J'attends des réactions de ta part, tu es Ottoman, toi. Comprends-tu que parmi mes amis grecs, peu m'ont félicité de cette décision, beaucoup ont voulu me décourager dans cette entreprise tandis que toi, tu ne réagis point et me regardes comme un bœuf ? Je pensais que tu te sentirais plus concerné…

Le soldat ne bougea pas. Leftéris perdit alors son sang-froid :
- Peut-être te sens tu nerveux, coupable, minable ? Montre-le ! Gesticule, bave, crie, saigne mais ne me regarde pas ainsi ! Oui je me permets de râler, de blasphémer, de cracher sur ton dieu et sur le mien car j'ai besoin de sortir de moi cette haine, cet être maléfique qui s'est installé dans mes tripes et me hante désormais. Comprends-tu que j'ai toujours méprisé ceux qui jugent les Ottomans ? Vous êtes des adversaires prestigieux dont l'empire depuis des siècles occupe la première place parmi les puissances de notre vieux monde, une grande civilisation dotée du Divan et de lois remarquables, de magnifiques calligraphies ou de miniatures délicates ! Que penser de la splendeur de vos mosquées, de l'élégance des pavillons et des fontaines, des fêtes impériales de la Cour du sultan où vos lutteurs, jongleurs et funambules envoûtent le regard et où débordent le luxe et les raffinements de vos joyaux, de vos tapis et brocarts chatoyants ? Bien sûr que tout ceci nous insuffle le respect et vois-tu, aujourd'hui pourtant, me voici méchant, belliqueux et insolent. Qui est responsable du fait que je dédaigne, que je déteste, que je jure ou insulte vos homme vigoureux, vos souverains téméraires et courageux respectés de leurs

sujets et redoutés de leurs ennemis ? Vous ! Vous-mêmes, par votre propre faute, nous rendez coupables, moi Leftéris et tous les Grecs de sentiments abjects ! C'est toi janissaire, assassin, qui m'as meurtri en entrant ici et vous tous qui nous avez assujettis. Quand cesserez-vous de me faire mal, de nous persécuter, mes frères et moi ?

Le spadassin, dénué de toute expression que l'on pût interpréter sans risquer de se méprendre, le dévisageait. On eût dit néanmoins qu'il ne le comprenait pas.

- Evidemment, reprit Leftéris. Toi, le simplet, tu crois qu'un gosse m'est tombé du ciel et que moi, brave Grec magnanime, je ne pouvais qu'en remercier la Vierge chaque jour de mon existence ? J'aurais pu oui ! Sauf que…

Leftéris se leva, croqua dans une pomme afin que son désarroi ne parût point et se rassit face au janissaire. Il avait bien du mal à recouvrer son flegme et à ne pas laisser transparaître l'exaltation qui l'envahissait, faisait trembler ses mains et colorait de rouge son visage d'ordinaire narquois.

Quand oserait-il remonter à l'étage ? Pourrait-il abandonner ce tueur sans prendre un risque considérable ? Lui faudrait-il l'achever afin de retrouver les siens ?

Il s'apaisa pourtant.

- Arrête de me toiser ainsi, janissaire, ou bien tu paieras l'ironie que je discerne dans tes yeux ! Il est vrai, tu me diras, qu'avec ce gosse, nous avons eu quelques bonnes années. Photine en avait fait un gros poupon qui engloutissait tout ce qui se trouvait à sa portée, tout ce qui lui avait manqué quand il était bébé. En veux-tu un exemple ? Voilà : un jour, alors que je l'avais emmené avec moi à la rencontre de son grand-père, je le surpris un peu plus loin fort affairé au pied d'un buisson d'épines. Le bonhomme se délectait de crottes de chèvre, confondant sans doute les petites billes noires avec les olives qu'il aimait tant…

Le janissaire pouffa de rire mais porta aussitôt une main sur sa mâchoire qui le faisait souffrir. Leftéris le regarda avec insistance et poursuivit :

- Oui, il était drôle ce gamin, il dévorait tout ce qu'il croisait, les escargots avec leurs coquilles, les vers de terre des jardins, tout !

Il est incontestable qu'il était fort mignon avec ses grands yeux noirs et ses joues arrondies, gonflées comme des grenades. Il était tendre aussi, nous faisait beaucoup rire. Très admiratif, presque béat devant son nouveau grand-frère Akylas, Kurban le suivait partout. Les rires emplissaient la maison... C'est vrai qu'ils s'étaient vite adoptés tous les deux, ils s'adoraient ! Quant à Photine, elle était fière de ses enfants : un Grec, un Turc, elle aussi croyait avoir réussi là où nos souverains avaient échoué. Nous avions enfin créé cette alliance dont tous les Byzantins rêvaient, minuscule certes, à notre échelle, mais qui nous donnait l'illusion d'un monde que l'on pouvait rendre meilleur !

C'était sans compter sur le grand-père qui me réservait une surprise de taille.

La mine interrogative, le janissaire écarquilla les yeux.

- Oui, reprit Leftéris, alors que je le rejoignais presque chaque jour afin qu'il profitât du gamin et le vît grandir, il m'attendit un matin avec un inconnu qu'il me présenta aussitôt. C'était Faruk, le père de Kurban. Malgré son visage boursouflé par l'alcool, je dois reconnaître que celui-ci me sembla plutôt sympathique. Il embrassa l'enfant au front et, lui tendant une étoffe, lui chuchota à l'oreille :

« Tu as grandi, toi, et c'est bientôt ton anniversaire je crois... Tiens, prends ce drap. Il pourra t'habiller. En tout cas, c'est quelque chose d'utile ! »

Leftéris soupira.

- Oui, soldat, c'était un gentil gars ce Faruk. Evidemment, il repartit aussitôt car son travail l'appelait mais néanmoins, il me sembla ému d'avoir revu son fils.

Dans les mois qui suivirent, j'appris par le grand-père que Faruk avait placé ses deux aînés chez un lointain cousin qui les maltraitait autant qu'il le pouvait. Fatih et Fevzi étaient devenus les boucs émissaires d'un homme qui n'avait pas l'intention de les nourrir gracieusement et en avait fait ses domestiques. Alors, ma Photine prit une décision, au demeurant fort respectable : pour la Noël, nous recevrions les deux frères de Kurban. Certes ils étaient musulmans, mais était-ce important ? Les quatre garçons seraient réunis, mangeraient, joueraient et dormiraient ensemble et les deux grands auraient enfin l'impression d'être aimés. Photine saurait sûrement les gâter…

Le janissaire fixa Leftéris d'un regard de compassion. Devinait-il enfin la bonté qui habitait le Grec ? Lorsque ce dernier reprit son monologue, il baissa les yeux.

- La veille de notre fête chrétienne, je trouvai donc le grand-père accompagné des deux garçons qui me dévisageaient. Dans un état de saleté extrême, jurant à l'envi, se décochant l'un et l'autre de violents coups de pieds et s'insultant, ils obtinrent immédiatement mon indulgence et ma pitié. Je ne te cache pas cependant mon euphorie lorsque vint le moment de me décharger du fardeau en les confiant tous deux aux bons soins de ma femme ! Ceux-ci, ne connaissant de notre douce langue grecque que ses finesses litté-raires, ils se défoulèrent :

« Silence, toi, la femelle ! hurlèrent-ils en chœur lorsque Photine les convia poliment à table. Tu te prends pour qui, pour notre mère ? »

- En un mot, continua Leftéris, ces gosses n'étaient pas fautifs de leur éducation, ni vraiment coupables malgré ce qu'entendit Pho-tine alors qu'elle était à l'affut derrière la porte après les avaient couchés :

« Akylas, réveille-toi, fils de chienne ! Tu nous as volé notre frère, on va te couper la gorge ! »

- Le lendemain, leurs reproches reprirent lorsqu'il s'agit de les laver. « Quelle était cette obsession ! » Au quotidien, l'eau ris-quait fort de les « user ». Les jours et les nuits qui suivirent fu-rent, eux aussi, inoubliables : à travers la salle à manger fusaient les plats et dans la chambre les insultes. Akylas ne dormait plus, bégayait, tremblait dès qu'ils l'approchaient. Quant à Kurban, il criait toute la journée. A rêver de préserver l'égalité dans le monde, notre propre vie fondée sur l'équilibre et la justice bascu-lait et menaçait de choir. Bien que décidée à les garder pour tou-jours avant même de les connaître, Photine me pria alors de ra-mener les deux garnements à leur grand-père.

Quelques temps plus tard, janissaire, le vieillard m'apprit qu'Hanife, la digne matriarche, avait reparu. Logée par l'aubergiste qui utilisait autant qu'il les vendait ses services charnels, elle souhaitait récupérer Kurban qu'au cours de ces deux années et demie, elle n'avait jamais revu.

« Que croyions-nous, nous les Grecs prétentieux, qu'on pouvait lui extorquer la chair de sa chair aussi simplement ? » me lança-t-elle le jour où, mortifié, je lui ramenai le petit. On allait bien voir qui était sa véritable « mère » ! De quel droit d'ailleurs ce gosse parlait-il le grec et nous appelait « Père et Mère » ? Et ce grand-père, n'était-il pas en outre un « imbécile, un raté pour avoir donné naissance à Faruk, ce bâtard » ?

Je suppose que tu te doutes, janissaire de ce qui s'ensuivit. Puisqu'il ne connaissait pas cette femme, Kurban se débattit et hurla. Tachant de le faire taire, celle-ci s'empressa de l'emprisonner entre ses deux énormes seins puisque, selon elle, « il n'existait pas d'autre méthode valable pour dompter les hommes ». Enfin, elle empoigna les multiples besaces de vêtements et de nourriture que Photine, fort chagrinée, avait préparées, et s'en fut avec son chargement.

Tu imagines aisément, soldat, combien le grand-père et moi étions atterrés ! Pendant ce funeste hiver, Akylas, alors âgé de six ans, ne trouva plus le sommeil, devint agressif avec son précepteur, n'écouta plus personne. Nous ne trouvions plus les mots pour le soulager ni les gestes pour calmer les rictus qui animaient son visage. Jusqu'au jour où une nouvelle mission m'appela en territoire ottoman et que...

Les bruits de sabots qui résonnèrent à l'extérieur ne le laissèrent pas terminer sa phrase. Sur la pointe des pieds, à tout petits pas, Leftéris se glissa près de la porte et observa la scène au travers d'une petite fissure dans le bois. Là, juste devant lui, trois janissaires, portant armure complète, arcs et sabres, discutaient devant la porte de la cave avec deux de leurs confrères cavaliers qui s'étaient arrêtés.

« La pêche a été bonne ? fit l'un d'entre eux.

- Convenable, répondit un artilleur. Quelques colliers, des pierres, un peu d'or mais par contre, de très nombreuses têtes !

- Avez-vous ratissé tout le quartier ?

- Non, on vient d'arriver par ici, on écume les rues dans l'ordre, on s'attaque aux richissimes d'abord ! On reviendra donc un peu plus tard pour attaquer ces bourgeois-là. Puisque Mehmet nous donne encore deux jours pour faire main basse sur les trésors que cachent ces Grecs, on parviendra bien à les plumer tous ! »

Enfin, ils s'éloignèrent avec de gras éclats de rire. Leftéris s'épongea le front et reprit :
- Les fumiers, s'ils entrent ici, c'est moi qui t'égorge, tu es préve-nu janissaire ! Où en étais-je encore ? Je vais devenir fou, finale-ment…

Préoccupé et transpirant, il marqua un silence.
- Oui, te racontais-je, alors que je procédais à une inspection en territoire ottoman et que la neige avait envahi les plaines, j'aperçus au loin un petit groupe qui bavardait en cercle sur un chemin, autour d'un enfant nu malgré le froid. Parmi ces gens, tous Turcs, je reconnus aussitôt le grand-père qui, me remarquant aussi, me fit signe d'approcher.
Tu te doutes de la suite, Janissaire. Hanife, n'avait pas supporté Kurban et une de ses « consœurs » l'avait ramené, dévêtu, chez le vieillard. Celle-ci n'avait d'ailleurs pas hésité à apporter au grand-père les précisions qu'il avait exigées : oui la mère avait préten-dument nourri l'enfant au sein bien qu'il ait plus de deux ans et qu'elle n'ait plus de lait. Oui elle lui plongeait une tige de bois dans les fesses puisque s'il ne voulait pas téter c'était évidemment qu'il devait être constipé. Oui il avait des morsures sur le corps, causées - avait-elle affirmé - par le jeune chien de l'aubergiste. Oui, elle le faisait dormir dehors avec les poules, ou lorsqu'il fai-sait trop froid et qu'enfin elle le plaignait, dans la pièce où elle accumulait immondices, linge sale, verres cassés et épluchures. Et enfin ? Oui bien sûr, le gamin était présent lors des ébats de la « vertueuse » avec ses clients : il lui fallait s'instruire puisque tôt ou tard, « seul les subtilités du corps des femmes habiteraient son esprit. » Quant aux habits et à toutes les choses donnés par ma Photine catastrophée, la question était totalement ridicule. Elle les avait naturellement vendus pour parfaire ses honoraires…
Alors, évidemment soldat, de la même manière que je me suis démuni de ma chemise pour te couvrir, j'ai ôté mon manteau pour

réchauffer Kurban et nous sommes tous deux retournés à la maison.

Inutile, je pense, de te décrire l'émotion d'Akylas et de Photine. Ni d'insister sur les conséquences de ce séjour chez sa mère : le gosse avait attrapé une pneumonie et si Photine ne l'avait recouvert de cataplasmes, il aurait trépassé. Quant à l'eau, il en avait désormais une peur viscérale et il fut fort difficile de le convaincre, avec le temps, d'accepter d'être lavé.

Petit à petit, nous remarquâmes aussi que l'enfant était devenu avide de toute nourriture et mangeait tout ce qu'il trouvait devant lui. Une nuit, je le découvris assis près d'un placard, les yeux écarquillés. Il se levait toujours pour dévorer ce que préparait la domestique pour le lendemain et devenait très corpulent ! Enfin, si Akylas, faisait de multiples collections de pierres, d'icônes ou de livres, le petit, lui, toujours prêt à engouffrer n'importe quoi, accumulait dans son lit tranches de pain, figues et même des limaces.

Le janissaire s'abandonna et se laissa aller à quelques larmes. Leftéris s'avança et les lui essuya. Puis il l'interrogea :

- Qu'as-tu, soldat, pleures-tu sur ce gosse trop bien nourri ou bien sur le geste que tu as failli commettre envers moi ? Fais attention, je trouve tes réactions curieuses... Réfléchis bien avant de t'émouvoir de ces futilités, écoute la suite plutôt ! Evidemment, je ne revis plus Faruk pendant des années. Une fois encore, il avait commis quelques méfaits au sein des janissaires et à nouveau croupissait en prison. Veux-tu que je rajoute ce qu'Hanife n'hésita pas à nous faire cinq ans plus tard ? Oui, janissaire, tu as bien entendu, cinq ans pendant lesquels elle avait oublié son fils et ne s'était jamais plus manifestée ! La gracieuse exigea par l'intermédiaire du grand-père qu'on lui rendît son fils.

Le soldat, semblant s'en émouvoir, retrouva le sourire. Pourtant, Leftéris s'esclaffa :

- Tu es vraiment un imbécile, soldat ! Bien niais serait celui qui croirait que l'instinct maternel faisait enfin son effet... Le chantage était facile : soit on lui rendait Kurban, soit on devait le lui payer, nous dit-elle. Elle voulait nous le vendre ! Après tout, pensait-elle, ne nous avait-elle point comblés de bonheur en nous offrant un nouveau fils ?

Fou de colère, Leftéris s'étrangla.

- Comment mon fils Akylas aurait-il pu, en outre, perdre son petit frère à chaque fois qu'Hanife procédait à un chantage ? N'était-il pas déjà suffisamment perturbé ?

C'est Photine, finalement, qui discutant avec l'enfant trouva un semblant de solution. Celle-ci m'en convainquit un jour :

« Kurban m'a confié qu'il déteste son prénom et qu'il voudrait devenir Grec. Baptisons-le, Leftéris, il dit que son rêve serait de s'appeler Nicandre, comme mon père. Accepte, je te prie, tu sais bien qu'il est le deuxième fils que nous désirions tant ! S'il te plaît, empresse-toi de rédiger un nouveau testament qui fera de lui notre héritier, au même titre qu'Akylas. »

Leftéris allongea les jambes, se coucha sur le flanc et ajouta :

- Naturellement, c'est ce que je fis puisque le grand-père du gamin m'y encouragea également. Lui avait d'autres arguments : « C'était la décision d'Allah » disait-il…

J'avais donc désormais deux fils, Akylas et Nicandre, qui me comblaient de bonheur.

Hélas, qui aurait cru que ma satisfaction eût été de si courte durée ?

Il sembla songeur, comme perdu dans les vicissitudes de ces années tumultueuses.

- Bien, je me tais et continuerai mon histoire un peu plus tard. Deux décennies se sont écoulées depuis ces humiliations qui me tourmentent encore et que je ne puis pardonner, mais nous sommes tous deux harassés. Dans l'immédiat, implorons donc nos dieux afin que ces soudards ne reviennent pas de sitôt et fermons un peu les yeux.

Le janissaire n'entendit pas la fin de son monologue. Il avait déjà plongé dans un profond sommeil rédempteur.

VII

LA FLAMME

A l'étage, Photine et son fils, à peine installés auprès de l'âtre, discutaient à voix basse.

- Tu sembles aller mieux qu'hier, Akylas, tu reprends des couleurs. Je crois que le mauvais œil s'éloigne de toi, fit-elle en se signant trois fois.
- J'ai simplement ôté ton pansement et plongé dans la plaie une mèche de chanvre enduite d'un onguent détersif. La blessure est très superficielle, le traitement sera plus efficace que tes signes de croix qui me conduiraient pour sûr à l'amputation…
- Je te crois mon fils ! Moi, femme, je n'ai pas étudié comme toi… Te voilà devenu aussi impertinent que ton père !

Akylas ne put s'empêcher de rire et haussa les épaules.

- Ne le prends pas sérieusement, mère, je plaisantais ! Avec ces tueurs qui arpentent nos rues, nous serons peut-être tous morts dans les heures qui suivent. L'heure est donc à la dérision, n'est-ce pas ?

Akylas était un fort beau jeune homme, svelte et élancé, dont le fin visage aux longs cheveux noirs qui tombaient sur ses épaules, rappelait étrangement celui de sa mère. Grand intellectuel et féru de lecture, il s'était tout d'abord initié à la médecine et à la petite chirurgie. Il avait ensuite supplié son père de lui permettre de s'inscrire aux cours de philosophie et de rhétorique grecque que dispensait Jean Argyropoulos* à l'hospice du Katholikon Mouseion, tout près du monastère Saint-Jean-Prodrome de Petra. Malgré ses vingt-sept ans et tandis que tous ses amis étaient mariés,

Akylas se montrait toujours aussi passionné par les cours de l'éminent professeur.

Photine, qui appréciait son esprit et dissimulait difficilement sa fierté de mère, adorait provoquer d'affectueuses joutes verbales afin de savourer tantôt la profondeur, tantôt la verve de ses reparties.

- Il est vrai qu'il est bien plus utile de mourir avec deux jambes valides, mon fils...

Akylas se leva et alluma la mèche d'une minuscule lampe à huile.

- À défaut de feu dont la fumée nous trahirait, c'est toujours mieux que rien, s'exclama-t-il. Tu as peur pour parler ainsi, mère, je le vois ! Une existence aussi pleine devrait pourtant te suggérer de dédaigner la mort puisque, de surcroît, chaque instant de ta vie t'en rapproche. Pour être de taille à te résigner à vivre si longtemps, ne t'a-t-il point fallu être prête également à accepter la mort ?

- Je n'ai que cinquante ans, Akylas, dont une quinzaine a gâché notre vie à tous.

- Tu parles de Nicandre, n'est-ce pas, mère ? Calme-toi, c'est une histoire ancienne qu'il nous faut oublier... Tachons donc

de considérer les choses autrement, de manière plus philosophique... On pourrait supposer que ce qui a donné une raison d'être à notre vie donnera peut-être une raison d'être à notre mort, ne crois-tu pas ?

Photine le regarda avec étonnement et esquissa un semblant de grimace.

- Mais tu es fou, mon fils ! Certes, c'est une possibilité, mais je ne vois pas où tu veux en venir !

Akylas enchaîna :

---

* Jean Argyropoulos (v. 1395, Constantinople - 1487, Rome) est un lettré byzantin, philosophe et humaniste, qui émigra en Italie après la chute de Constantinople en 1453. Il joua un rôle essentiel dans le renouveau de la culture classique en Europe occidentale, en traduisant de nombreux textes en latin. Il a laissé une importante production personnelle d'œuvres théologiques et philosophiques et des traductions latines d'Aristote, dont la *Physique*, la *Morale* et plusieurs autres ouvrages.

- Les uns vivent et meurent pour leur famille, les autres pour leur souverain ou leur travail, parfois au nom d'un idéal, d'un dieu, de l'amour ou de la haine. La vie, en vérité, semble accepter les hommes, aussi étranges et variés soient-ils, et leurs passions mais elle nivelle leurs embrasements et les rend finalement assez identiques. Si tu fermes légèrement les yeux pour brouiller leurs contours et que tu bouches tes oreilles afin d'atténuer le son qu'ils produisent, tu verras qu'ils sont plutôt similaires.

- Penses-tu ?

- C'est évident ! Crois-tu qu'un roi vaille plus qu'un esclave, un chrétien plus qu'un musulman ? Si ta vie a eu une once de sens, mère, tranquillise-toi et donne aussi un sens à ta mort !

Akylas jeta un coup d'œil sur les meubles empilés devant la porte et ajouta :

- Ce n'est pas la vie mais bien notre mort qui révèlera aux générations à venir qui furent les valeureux…

- Arrête, je vois que le sujet te blesse, Akylas, murmura Photine. Je sais combien Nicandre a trahi ton cœur et meurtri ton enfance. Que faire pour que tu oublies ces années qui ont saigné ta vie ? Souhaites-tu te venger, affronter les janissaires dans les rues, devenir un héros ? À quoi bon, Akylas ? À vouloir faire le bien, ton père et moi avons fait une erreur. Rien ne nous permettra d'oublier, pas même cette guerre ! Parle-moi d'autre chose, je te prie, j'ai enduré la perte d'un fils mais en rien ne supporterais que par dépit ou représailles, tu disparaisses à ton tour. Comment vont tes amis d'ailleurs ?

- Certains sont morts, d'autres ont été emmenés. Je ne sais s'ils ont été faits prisonniers ou si les Turcs les ont exécutés. Je les ai vus emmener mon jeune ami Kostas. Il n'a que dix-neuf ans ! S'ils lui ont fait du mal, je…

- Quel Kostas ?

Akylas se mit à trembler.

- Laskaris,* mon meilleur ami, cet esprit talentueux ! Certes, la mort n'est rien, mère, mais ces cris, cette agonie, cette sauvagerie… Si un jour le destin met Nicandre ou un de ses compagnons d'armes sur mon chemin, il se souviendra de moi !

- Je t'en supplie, Akylas calme-toi. Je vais immédiatement te préparer une tisane apaisante.

- A la mélisse, encore ? Non, merci, c'est inutile. Je t'assure que je vais bien maintenant. Je me demande par contre ce que fait mon père en bas. Quand, précisément, est-il descendu à la cave ?

- Hier, Akylas, alors que je te veillais ! La fièvre t'avait envahi et tu t'étais enfin endormi malgré le bruit terrible de la Ville assiégée. Je t'ai dit, déjà, qu'il est allé nous préparer un abri. Il pense que nous pourrions être en danger ici face à une armée de janissaires qui forcerait la porte.

- Il a raison, fit le jeune homme. S'ils viennent nombreux, ce ne sont pas ces quelques meubles entassés qui nous protègeront bien longtemps. Laisse-moi passer par la cuisine, je vais aller l'aider à empiler les tonneaux et ensuite, il ne nous restera plus qu'à descendre quelques couvertures de laine et des provisions. Ceci-dit, quand bien même nous bricolerait-il un repaire princier, je m'étonne du temps qu'il y passe…

Photine, soupçonnant le pire ou craignant de rester seule, tenta de le retenir mais n'y parvint pas. Akylas traversa la cuisine en claudiquant puis revint au salon.

- Qui a fermé la porte ? Je ne puis l'ouvrir ! Pourquoi est-elle bloquée ?

- Je l'ignore, fils. Ton père veut sans doute t'empêcher de dégringoler dans l'escalier avec ta jambe blessée ! Il était fort inquiet pour toi hier, d'autant que je ne l'ai point laissé monter te voir puisqu'enfin, tu t'étais endormi.

- Mais je n'entends pas un bruit en bas ! Serait-il sorti pour demander de l'aide ? Aurait-il été arrêté par les janissaires ?

En signe de désespoir, Photine se frappa les hanches.

---

* Constantin Laskaris, né en 1434 à Constantinople et mort en 1501 à Messine, est un grammairien byzantin et l'un des acteurs principaux du renouveau des lettres grecques en Occident. Élève de Jean Argyropoulos, il fut fait prisonnier durant l'occupation turque à Constantinople en 1453. Libéré, il parcourut les îles de Crète et de Rhodes avant de se rendre en Italie. Il fut le professeur d'une importante génération d'humanistes européens, pour la plupart siciliens.

- Arrête de dire des sornettes Akylas, tu me fais peur ! Que Dieu entende mes prières, qu'Il vous préserve, toi et ton père ! Ne bouge plus d'ici, s'il te plaît, parle-moi, raconte-moi n'importe quoi mais fais-moi rire !

- Tout ira bien, mère. En bas, personne ne nous découvrira. Mon père a sûrement déjà trouvé quelque astuce pour nous mettre en sécurité. Il construit des murailles, lui ! Sache que dans moins de deux jours, les Ottomans n'auront plus le droit de piller. Ils nous laisseront peut-être enfin en paix. Et ensuite, puisque tu le souhaites depuis si longtemps, j'épouserai Sévi, la petite voisine que tu aimes tant. Tu es d'accord ?

Photine sursauta et se précipita dans ses bras :

- Je suis tellement fière de toi, Akylas. Elle fera de toi un homme heureux avec ses rires, elle est si jolie, si joviale et enjouée !

Ravi que sa mère ait enfin retrouvé le sourire, il continua :

- Oui, tu as raison. Ensemble, nous ne nous contenterons pas d'exister, nous vivrons ! J'ai soif d'amour finalement et il est vrai que Sévi est la seule qui saura me désaltérer.

Il s'avança vers Photine, lui donna une tape chaleureuse sur l'épaule et machinalement, caressa ses longs cheveux. La flamme de la petite lampe dansait et offrait à leurs yeux des myriades d'étoiles lorsqu'enfin, se penchant sur son oreille, il murmura :

- Etre amoureux, c'est savoir discerner ce dont tu as rêvé dans le cœur de celle qui t'aime, sans te préoccuper de ce que tu y trouves et te fait mal. Sois sûre que je serai heureux, maman, je le suis tant déjà, maintenant que j'ai compris que tu avais raison !

VIII

LE PRESAGE

Dans la cave, aucun bruit n'avait interrompu le silence des heures durant lorsque soudain, des cloches sépulcrales carillonnèrent distinctement à l'oreille de Leftéris.

Plongés dans la danse de l'extase mystique de l'anéantissement, les derviches endiablés du sultan apparurent devant lui, jaillissant de toutes parts sous les somptueux portiques de l'église des Polyandrion. Ils tournaient, virevoltaient, encerclaient les sarcophages marmoréens des empereurs Constantin et Justinien. Que venaient faire ces impies dans ce lieu sacré ? Voulaient-ils profaner et piller encore ces tombes éblouissantes incrustées d'ornements de lames d'or et serties de pierreries ?

Leftéris entendit un fracas : à coups de masses et de barres de fer, ils renversaient outrageusement les stèles, frappaient, brisaient les tombeaux, menaçaient même celui de saint Jean Chrysostome…

- Les reliques, que feront-ils des reliques de nos apôtres André, Luc, celles de Matthieu ou des saints anargyres ? Je dois leur barrer le passage ! bredouilla Leftéris.

Mais les fanatiques s'acharnaient et brisèrent les derniers vestiges avant de répandre dans le Bosphore les ossements des empereurs prestigieux et de plus de cent hauts dignitaires et religieux.

Leftéris aperçut le sultan dans un tourbillon de poussière. Il s'époumona :

- Que le diable t'emporte, Mehmet, tu ne veux ni de nous, ni de nos monuments, de nos stèles ou nos tombeaux ? Je te maudis, traître ! Crains-tu donc de voir renaître notre patriotisme sur ce lieu de mémoire ? Tu sais bien qu'il incitera les vaincus à la vengeance !

- J'y construirai une mosquée, celle du Conquérant, et tous oublieront vos empereurs et vos saints qui gisent à présent au fond du détroit. Nous purifierons toutes les églises de vos viles idoles qui les souillent et en l'honneur du seul vrai Dieu, nous les préserverons des faux serments de vos odieuses cérémonies chrétiennes, répondit Mehmet en ricanant.

Leftéris sursauta. Il leva la tête et bondit prestement comme s'il avait été frappé au cœur. Devant lui, le janissaire, allongé sur le dos, les lèvres collées par du sang desséché, dormait à poings fermés.

Interloqué, presque sidéré, il recouvra lentement la conscience de la réalité et s'approcha de la porte. Son cœur battait avec démence ; pourtant tout semblait serein dehors, comme si la ville entière sommeillait... L'idée que ce n'était qu'un cauchemar et que, malgré le danger, il avait pu dormir si longtemps lui parut stupéfiante et énigmatique. Néanmoins, c'était sans doute une dizaine d'heures qui venait de s'écouler.

Leftéris était en proie à une fébrilité démesurée. Certes, il se pouvait que les Ottomans eussent la volonté de tout détruire. Mais pourquoi lui fallait-il entendre leurs pensées s'exprimer dans son propre cerveau ? Pourquoi devait-il aussi subir la présence de ce janissaire qui lui, en outre, ne parlait pas ? N'était-ce point étrange ?

Il lui sembla qu'il y eût là un avertissement, quelque chose qui devait l'inciter à la prudence. C'était peut-être la dernière sommation de la fatalité...

Il frissonna. Il se rallongea, couvrit son torse nu de quelques vieux chiffons éparpillés sur le sol et se rendormit. À nouveau un sommeil tourmenté s'empara de lui. Il distingua un poignard levé vers le ciel qui menaçait à tout moment de s'abattre sur Akylas et Photine. Il vit le janissaire qui s'étranglait dans un rire scélérat. Un soleil de sang qui plongeait dans la mer de Marmara. Les ombres de ses amis qui sillonnaient la ville puis s'effaçaient dans les collines. Il lui semblait que comme des esprits macabres sans sépultures où s'abriter la nuit, ils le cherchaient partout, l'appelaient, criaient, hurlaient.

Une fois encore il s'éveilla et se redressa avec difficulté. Ses jambes vacillaient, son cœur cognait, il avait mal à la tête.

Il se leva, fit le tour de la cave, les yeux fixés à terre. Une rage bestiale, étouffée, bouillonnait en lui. Pourtant, le janissaire n'avait pas bougé et dormait toujours.

Leftéris comprit qu'il était hanté par le malaise de l'anxiété et qu'il lui fallait manger au plus vite s'il ne voulait pas tomber dans la confusion mentale et s'effondrer complètement.

Pendant ce temps, Constantinople semblait avoir été anéantie par quelque tornade. Les Turcs fouillaient, saccageaient, massacraient. Les églises, les cryptes, les maisons, toutes les cachettes les plus reculées étaient passées au crible et vidées de leurs richesses tandis que la ville se dépeuplait. On eût dit que comme par la volonté d'un esprit démoniaque, les quartiers alentours avaient été métamorphosés en de vastes nécropoles.

Après avoir englouti quelques oignons, des olives et une poignée de fruits secs, Leftéris se lança dans la confection de nouveaux pansements.

- Réveille-toi, janissaire. Il est temps que je te soigne. Tu vas me faire le plaisir de te lever et de faire quelques pas afin que je jauge l'évolution de tes saignements. Je m'étonne que ton visage ne désenfle pas, tu ressembles à une pastèque éclatée après une nuit de grêle estivale. Ne me dis pas que tu étais bel homme avant d'entrer ici, ce serait grotesque, je ne pourrais te croire.

Il posa ses deux pieds sur les bottes du janissaire et d'un geste brusque, le tira par les bras. Lorsque ce dernier fut debout, il prit appui sur Leftéris et lentement se traîna jusqu'au mur. L'effort fut rude mais il parvint toutefois à se maintenir debout sans provoquer d'hémorragie.

- Assieds-toi maintenant, je suis satisfait de mes soins qui semblent être efficaces. Si plus tard je te présente mon fils, tu pourras le remercier de m'avoir enseigné les rudiments de la médecine et de t'avoir sauvé. Comment va ta langue ?

Le janissaire ouvrit légèrement la bouche.

- Bien, tu es condamné, je crois, à te taire et à manger des bouillies jusqu'à la fin de tes jours. Quoique tu ne le mérites pas du tout, je vais tout de même sacrifier un de mes fromages de chèvre pour t'alimenter.

Le vertige pénétra en lui, à son insu. À nouveau son pouls s'accéléra. Leftéris eut tout d'un coup la sensation que tout était mensonge. Ce janissaire devenait-il son ami ?

Les pulsations redoublèrent dans sa poitrine. Pourquoi soudainement s'inquiétait-il de son sort, comment pouvait-il le soigner, le nourrir, lui offrir sa chemise au risque de s'affaiblir lui-même dans l'humidité de cette cave ? Ce soldat n'était-il point un meurtrier ?

Il essuya ses mains moites sur son pantalon mais, une fois encore, ne montra aucune émotion.
- Si tu le veux, je vais continuer mon histoire, fit-il simplement en s'asseyant sur un tonneau. J'ai l'impression qu'en vérité, elle t'attendrit. Me tromperais-je ?

En dépit de ses dents ébréchées et de ses lèvres fendues, le soldat lui sourit et entreprit de lui répondre. En vain. Ce ne fut qu'une succession de sons incohérents et de grognements qui sortit de sa bouche.
- Ne te fatigue pas, j'ai compris. J'ai appris à te connaître désormais. De quoi te parlais-je ? De la mère du gamin et de ses chantages, n'est-ce pas ?

Le janissaire leva un pouce en signe de confirmation.
- Disons alors, pour faire court, qu'elle réitéra ses demandes maintes fois. En proie au doute quant à l'équilibre mental de Nicandre déjà considérablement perturbé malgré ses six ans, je demandai à être reçu par notre patriarche Joseph* peu avant son départ pour Florence. Ce fervent partisan de l'union entre les Églises me conseilla de maintenir le lien familial avec Hanife puisque, prétendait-il « Dieu éclairerait certainement un jour de ses bontés l'esprit de la coupable quand même fût-elle une

---

* Joseph II de Constantinople (né vers 1360, mort à Florence en 1439) fut patriarche de Constantinople de 1416 à 1439.

apostate. Il lui montrerait le chemin de la sagesse céleste ».

En rien convaincu, je ne pus pourtant que me résoudre à ses exigences et rendre l'enfant à sa mère chaque fois qu'elle l'ordonnait. Dans quel but le voulait-elle ? demanderas-tu…

À l'évidence pour le maltraiter, c'était si facile de se venger des hommes sur ce tout petit gamin ! Un jour, elle osa même m'annoncer qu'elle était enceinte. Une fois de plus…

De rage, Leftéris cracha au sol.

- Oui, tu m'as bien entendu, janissaire. Enceinte et quasiment au terme de sa grossesse ! Tu penses, elle était de toute façon si grosse que nul n'eût pu s'en apercevoir !

« Sans doute, osa-t-elle en outre me lancer tandis que sans voix je la dévisageais, connaissais-je quelque herbe abortive qui pourrait la sortir de ce mauvais pas ? »

Leftéris jura à voix basse, mais nul n'entendit l'insulte qu'il proféra. Il poursuivit :

- Quelques semaines plus tard, elle donna vie à deux petites filles et ne tarda pas à m'interroger :

« Leftéris, toi qui n'as que deux garçons, tu ne voudrais pas une fille ? Ça rapporte… Sinon, dès l'âge de huit ans je les mettrai au turbin. C'est toi qui vois ! »

Bien que l'expression de son visage se fût glacée, Leftéris ne put s'empêcher de rire.

- Pourquoi s'encombrer de gosses, finalement ? Les garçons, on les frappe, on les mord, on les laisse crever, quant aux filles, on les vend aux hommes. C'est si simple…

Eh bien non ! Nous ne prîmes pas ses filles et comme prévu, l'une d'elles suivit très jeune le chemin d'Hanife tandis que l'autre, comme Nicandre, se fit baptiser orthodoxe et entra au monastère féminin du Christ Philanthrope* où lépreux et malades se rendent

---

* L'église et les bâtiments du monastère disparurent certainement lorsque le sultan Mehmet II commença la construction de son nouveau sérail en 1458. L'ayasma (ou fontaine sainte) du monastère, réputée miraculeuse, fut cependant respectée et continua de faire l'objet d'un pèlerinage important de la part des Grecs de la Ville jusqu'au XIXe siècle.

en pèlerinage dans l'espoir de recouvrer la santé.

De nouveau, Leftéris s'esclaffa :

- Si votre grand sultan décide de détruire les églises et les couvents, elle regrettera sa conversion au christianisme, ironisa-t-il.

Adoptant enfin un ton plus grave et une attitude fort sévère, il poursuivit :

- Donc, pour en revenir à notre propos, Nicandre grandissait et lorsqu'il atteint l'âge raisonnable de sept ans, je fis appel - comme je l'avais fait au préalable pour Akylas - à un précepteur. Ce brave jeune homme, dynamique et fort cultivé, s'était mis en tête d'en faire un théologien ou un juriste et redoublait de patience... Lorsqu'il m'annonça, après tout juste deux semaines de cours, que Nicandre était insupportable et qu'il souhaitait quitter son poste, je me fâchai contre l'enfant. Comment le convaincre qu'une bonne instruction lui serait profitable ?

Trois mois plus tard, quand le nouveau maître me confia que malgré le fait qu'il n'eût osé s'en plaindre, Nicandre occupait le plus clair de son temps à l'insulter ou à le persécuter, je le licenciai sur le champ. Il me paraissait évident que les professeurs détestaient les Turcs. En aucun cas, xénophobie ou racisme ne devaient pénétrer chez nous.

Je décidai alors de recourir aux loyaux services d'un de mes amis, professeur de langue latine et grecque et parfait pédagogue, connu pour son ouverture d'esprit, sa laïcité et sa tolérance à toute épreuve...

Leftéris croisa les jambes sur le tonneau, posa un coude sur ses genoux et plongea le menton dans la paume de sa main.

- Tu me croiras ou non, janissaire, ce pauvre homme termina sa mission avec un œil quasiment crevé ! Il était si drôle de prendre son enseignant pour cible et de lui projeter au visage tout ce qui ornait les murs du salon ! Le voyou cassa tout et le blessa grièvement de sa plume.

Alors certes, me diras-tu, le gamin avait des excuses puisque sa vie le déstabilisait. Est-ce à dire que le professeur eût dû se taire et ne pas riposter lorsque Nicandre lui affirma qu'il se destinait à végéter dans les geôles du sultan ? Son frère Akylas qui, lui, étudiait de toute son âme, était véritablement un imbécile - expliquait-il à qui voulait bien l'entendre - s'il n'avait pas compris les avantages d'être nourri sans s'exténuer au travail. Quelle idée farfelue avait-il, celui-là, qui affirmait vouloir devenir empereur !

Leftéris souffla, se redressa et poussa un petit cri.

- Comme tu vois, soldat, les relations entre frères se détérioraient elles aussi. L'aîné supportait de plus en plus difficilement la paresse et les actes condamnables du plus jeune !

Le janissaire parut abasourdi puis consterné. Comment ces deux enfants qui s'étaient tant aimés pouvaient-ils à présent se mépriser de la sorte ?

- Oui, janissaire. A chaque fois que Nicandre se rendait chez sa mère, ses frères, qu'Hanife reprenait également pour l'occasion, enseignaient au petit l'art du mensonge, du vol et de la violence. Le gosse était devenu leur plus fidèle disciple et vidait notre maison de tous ses objets de valeur puis les offraient aux deux larrons contre un quelconque aliment. Eux, les troquaient à leur tour pour deux sous. Nicandre avait-il compris qu'Akylas, de par son intelligence et sa persévérance exceptionnelle, sidérait ses enseignants et ses parents ? Cherchait-il donc, lui aussi, à être original sans pour autant se surmener ?

C'est ainsi, janissaire, ce que je dis est vrai. Ne me regarde pas ainsi ! Plus il grandissait et plus il se montrait indolent, méprisant et fourbe. Quant à Akylas, il n'était évidemment plus son modèle mais celui qui faisait obstacle à ses velléités de vaurien.

Le janissaire sembla rêveur. Son expression n'échappa pas à Leftéris qui l'interpela aussitôt :

- Tu peux te dispenser de tes mimiques, soldat ! Toi, adulte, tu ne vaux guère plus que Nicandre. Vous, les Ottomans, vous savez être parfois des félons, des individus rusés qui, en dépit d'un regard qui parait bienveillant, sont susceptibles d'attaquer dans le dos à la première adversité. Tu en veux la preuve ? Laisse-moi te dire ce que ce maudit gamin a fait après avoir blessé son maître et tu jugeras par toi-même...

Akylas, entendant les cris de mon ami, se précipita dans le salon. Tu penses bien que Nicandre s'était enfui, abandonnant le professeur dans une mare de sang ! Lorsqu'Akylas courut hors de la maison pour le poursuivre, il aperçut l'indigne qui avait sauté sur la croupe d'un cheval et s'éloignait au galop. Non content d'avoir commis un délit à l'endroit de son professeur, Nicandre avait, en prime, dérobé sa monture !

Abandonnant à regret ses cours, Akylas, âgé de onze ou douze ans, s'évertua à le chercher deux jours durant. Il le retrouva enfin dans les tréfonds d'une citerne. Lorsqu'il s'en revint à la maison avec le coupable, il ne put éviter l'ironie :

« Père, voilà ton fils, ce voleur, cet apprenti-assassin, dorénavant boiteux de surcroît. Il était caché entre deux colonnes de la Citerne Basilique, celles qui reposent sur les fascinantes têtes de Méduse. Sans doute ignore-t-il, lui, qu'elles servent à détourner les influences maléfiques ? »

Les yeux embués de larmes, Leftéris soupira :

- Ne me demande pas ce qu'il avait fait du cheval, janissaire, il ne s'en est jamais expliqué.

Akylas ne souhaita point l'accabler mais ma femme apprit à l'agora qu'après s'être affolée, la pauvre bête l'avait désarçonné avant même qu'elle eût franchi la place. Puis, elle avait rué, cabré, blessé quelques citadines fort affairées devant les étals, et avait détalé aussitôt. En dehors de l'affront, cette affaire me coûta fort cher pour éviter les tribunaux...

Alors, soldat, dis-moi plutôt comment nous aurions dû agir avec ce gamin dont la double éducation ne faisait que détruire son esprit fragile ? Lorsque Photine lui demandait de s'appliquer avec ses maîtres, Hanife, elle, le sommait de voler. Si nous lui imposions des cours, c'était, selon elle, par méchanceté. Puisque nous l'avions baptisé, elle songeait désormais à le « castrer », disait-elle, afin de lui assurer un avenir parmi les eunuques dans les harems du sultan... Quelle mère prévoyante ! Ignorait-elle, d'ailleurs, que ce dernier les préfère noirs et vaillants, venant du Tchad ou d'Ethiopie ?

Tandis que nous respections ses origines musulmanes et l'écartions des tentations que sont le porc et l'alcool, elle le faisait boire et manger n'importe quoi.

Alors finalement, n'était-il pas plus aisé, pour ce gamin vulnérable, paresseux et tourmenté de suivre un chemin identique à celui de ses deux grands-frères ?

Que lui promettait le destin ? Qu'adviendrait-il de cet enfant, de ce peuple, de cette Ville ?

IX

L'APPRENTISSAGE

- À défaut de convaincre Nicandre d'étudier avec un précepteur ou plus simplement d'accepter de suivre avec d'autres enfants les cours de l'école de grammaire, je dus me résigner à le voir opter pour un métier manuel. Nous convînmes néanmoins avec lui que puisque le prélat s'était engagé à trouver un diacre qui lui enseignerait les premiers rudiments de l'écriture, nous l'enverrions auparavant faire un court apprentissage dans les salles basses et voûtées de la Bibliothèque patriarcale, qui était simple mais fort bien équipée de bancs, de grandes tables en pierre et de plus d'un millier de livres posés à plat sur plusieurs rangées d'étagères.

Tu peux alors comprendre, soldat, que c'était sinon le lieu idéal pour faire enfin de mon fils un parfait érudit, tout au moins un espace qui prédisposait à l'instruction et la réflexion.

Le premier jour, alors que je l'accompagnai afin de m'assurer de sa courtoisie à l'égard du prêtre, je ne pus résister à ma passion et je parcourus certains de ces très précieux ouvrages d'auteurs ecclésiastiques, ou des collections entières de textes hérétiques et autres œuvres profanes.

Sans aucun doute, me disais-je, le gamin comprendrait bien vite le privilège qui lui était offert de travailler dans cette bibliothèque puisqu'elle ne pouvait être fréquentée que par de hauts dignitaires du Palais ou de l'Eglise. S'il s'appliquait et manifestait quelque aptitude à la rédaction, nous pourrions, en outre, lui suggérer un jour des leçons avec un calligraphe de talent.

Le janissaire avait le regard fixé sur le sol et semblait ne pas écouter Leftéris qui, cependant, ne s'en troubla pas plus que de mesure.

- Tu me sembles pensif, soldat ! Soupçonnerais-tu que Nicandre n'avait cure ni de son calame de roseau taillé, ni de ses plumes ou de l'encre rouge-brun que lui avait fournis le maître ? Si tu l'avais vu ! Chaque soir, lorsqu'Akylas lui proposait aimablement de l'aider à terminer ses pages d'écriture, il s'excitait tout seul et menaçait de le frapper !

Un jour, c'est l'évêque en personne qui me le ramena à la maison. Très honoré par sa visite, je lui ouvris la porte avec un large sourire. Je t'assure qu'il pondéra aussitôt mon allégresse :

« Leftéris, malgré toute l'estime que j'éprouve à votre endroit, sachez que je suis mortifié et viens donc vous informer du renvoi immédiat de Nicandre. Un religieux l'a découvert ce matin entre deux rayons de la bibliothèque, il inhalait du papyrus.

- Que voulez-vous dire, mon père, qu'il reniflait l'odeur de l'encre ? Ce n'est pas là grand péché !

- Non, Leftéris, il l'avait réduit en cendres et en inspirait les fumées. Indépendamment de la valeur de ce chef d'œuvre, vous n'êtes pas sans ignorer la nocivité de la chose pour sa santé mentale. Le chenapan haletait, me dit le prêtre, et transpirait à grosses gouttes. En proie à des hallucinations, il se mit soudainement à hurler :

« Des araignées, à l'aide ! Des cafards, des punaises partout ! J'ai peur ! Ils veulent boire mon sang, me tuer ! Ah, les araignées, les scorpions, ils sont là aussi, je les vois… Venez vite, au secours ! »

Et si je rajoute que ce garnement n'hésita pas non plus à illustrer de sa plume les *Lois* de Platon, certes me direz-vous, un livre temporel qui ne concerne que les bas intérêts de notre vie terrestre mais qui est néanmoins de grande valeur, vous comprendrez aisément que je ne puisse le garder auprès de nous. »

- L'âne bâté ! Imagine qu'après le départ de l'évêque, lors du repas qui suivit, alors que j'étais assis face à lui et qu'une fois encore je tachai de lui faire entendre raison en lui démontrant les bienfaits de quelques mois d'études, Nicandre empoigna son couteau et entreprit de me le planter en plein torse. Dieu soit loué, si

Akylas n'eût point été présent pour le maîtriser, je ne pourrais même pas te raconter cet incident !

Puisqu'il nous avait prouvé qu'il était définitivement incompétent dans la sphère intellectuelle et que toute tentative se soldait par un acte belliqueux, j'envisageai de le placer chez un confrère architecte qui l'accepta simplement parce qu'il était mon fils. Pouvait-il me le refuser, à moi, son ancien maître ?

Mais, penses-tu, janissaire… Sais-tu ce que ce voyou osa me répondre quand je lui fis part de ce projet ?

« Tu ne manques pas de fantaisie, toi, tu ne crois tout de même pas que je vais faire des calculs pour construire des murs et devenir un incapable comme toi, non ? Regarde un peu les murailles de la cité, elles ont des fissures partout ! Si un jour les Ottomans pénètrent dans Constantinople, tu pourras te vanter d'avoir fait des études ! »

Il était hautain et odieux. Certes non, il n'était pas question de le mettre à l'arithmétique, d'autant qu'il en eût été absolument incapable. Mais cet emploi était incontestablement une aubaine s'il voulait s'initier à la taille de la pierre et s'assurer un métier. Et en effet, ce labeur l'épuisait physiquement et durant quelques mois, nous pûmes apprécier son calme et ses silences lors de nos soirées familiales. Chaque fois que je décidais de faire une belle flambée dans la cheminée et qu'agenouillé devant l'âtre, je me prenais à rêver d'une famille harmonieuse comme elle avait pu l'être lors de la petite enfance de Nicandre, alors c'était enchantement d'entendre Akylas, flambeau à la main, entonner les chants savants de la cour impériale. Les ronflements de son frère ne nous incommodaient pas : lorsqu'il dormait, avachi sur la table, nous savions qu'il ne commettait pas le mal.

Mais une fois encore, il se lassa de l'art de la découpe et de l'assemblage des pierres. Le jour où son bienfaiteur trouva le gamin allongé de bon matin sous un arbre, rond comme une soucoupe et le regard vitreux, il n'hésita pas à lui adresser un reproche. Bien mal lui en prit ! Le pauvre homme ne put éviter le maillet que Nicandre lui jeta en pleine tête. Le nez cassé et saignant beaucoup, il ne fut guère en état de me ramener l'effronté et c'est tout naturellement qu'Akylas le retrouva à la citerne où il se cachait après chacune de ses incartades.

Je dois reconnaître, janissaire, qu'avec toute la patience dont je faisais preuve, j'étais hors de moi et le soir même, Nicandre goûta, en braillant, à la trique. Non seulement, cet imbécile réduisait à néant tout espoir de trouver un employeur qui consentirait encore à l'engager, mais de plus il s'acharnait à ruiner ma réputation. Bien que mon confrère ne m'en tint jamais rigueur et ne cessait de rire lorsqu'il faisait référence à mon fils, le surnommant à raison « le suppôt ottoman de Dionysos », je ne savais comment réparer la chose et quand bien même je riais avec lui, je m'interrogeais.

Mieux vaut donc que je passe rapidement sur les différentes expériences auxquelles je le soumis.

Que dire, par exemple de ce pauvre boulanger qui, de tout son cœur, lui enseigna l'art de la fabrication du pain ? Nicandre aimait tant manger que je crus même que le vieillard était parvenu à lui transmettre sa passion. Tu penses, soldat... C'était sans imaginer qu'en dehors de sa capacité à se goinfrer, c'était vraiment un bon à rien ! Il s'endormit un jour, repu et satisfait, laissant le four s'enflammer et incendier la boutique.

Dois-je donc te parler aussi de ce barbier qui perdit tous ses fidèles clients le jour ou Nicandre, résolu à les persécuter, leur déversa sur la tête un produit fort astringent et que tous perdirent leurs cheveux ? Mon fils, cet aimable garçon, n'allait tout de même pas gâcher son temps à effectuer des coupes artistiques alors qu'il était si peu rémunéré !

Veux-tu que je continue ? Que je me souvienne encore de ce vieux prêtre auprès duquel il devait servir la messe ? Deux jours seulement passèrent avant qu'il ne s'enfuie avec le pain et le vin de l'eucharistie... Et ce fermier chez qui il attacha les cochons par paires, par la queue, car c'était drôle de les voir tirer, chacun de son côté et de les entendre grouiner comme des désespérés...

Alors oui, janissaire, je l'avoue, il avait été malheureux. Comme je te l'ai dit, il avait été la victime d'avis discordants, de religions différentes, de mentalités contradictoires et d'éducations opposées tout au long de son enfance. Quand bien même nous ne pouvions nous y résoudre, il semblait hélas écrit que Kurban serait bien ce

« sacrifice » que même son nom laissait présager. Kurban, cet enfant perdu, ce gamin écartelé…

Mais, dis-moi, pour avoir tenté de le sauver et en avoir pris la responsabilité, méritais-je pour autant de finir en prison ou de tout perdre à payer ses méfaits ? Tant de fois nous essayâmes de lui parler, de l'aider… Nous délaissions si souvent Akylas avec lequel tout était simple. En valait-ce la peine ?

Le janissaire esquissa une grimace et se gratta la joue en faisant la moue. Lui-même n'en semblait pas convaincu.

- En bref, son avenir nous semblait déjà fort compromis. Que pouvions-nous faire de plus ! En ville, tout le monde appréhendait de le rencontrer et faisait de son mieux pour l'éviter, craignant de devenir son souffre-douleur. Du reste, aucun patron ne l'acceptait plus dans la mesure où sa réputation le précédait. Il devenait fort difficile de lui retrouver une occupation, d'autant que la quatrième croisade* avait également anéanti bon nombre d'artisans dont les échoppes se faisaient toujours extrêmement rares. Sans aucun doute, le tissage était la seule solution qui pouvait peut-être encore le tirer d'affaire.

Un cousin de ma femme avait, à l'époque, un petit atelier où il s'appliquait à broder d'or vêtements et ornements sacerdotaux. Il me semblait raisonnable que puisque Nicandre ne montrait aucun prédisposition pour les lettres ou les sciences, ni même pour un quelconque métier exigeant force et courage, il était essentiel de le placer chez lui en apprentissage.

Connaissant bien le gaillard, le cousin ne me parut point des plus euphoriques. Il était évident que s'il l'acceptait, ce serait uniquement pour satisfaire Photine qui persévérait dans l'idée qu'il nous était encore possible d'assurer un avenir à Nicandre.

Mais voilà…

Leftéris soupira profondément.

―――――

* Campagne militaire qui fut lancée de Venise en 1202. Levée à l'origine en vue de reconquérir les lieux saints, elle aboutit néanmoins à la prise de Constantinople par les Croisés et à la fondation de l'Empire latin d'Orient en 1204 avec pour capitale Constantinople, qui se maintiendra jusqu'en 1261 avant d'être reconquis par les Byzantins.

- Je te promets, janissaire, que je n'oublierai pas les mots qu'ils échangèrent tous deux ce dimanche dans le jardin où je les avais abandonnés après des heures de négociations. Alors qu'à l'étage, fenêtre ouverte, je m'apprêtais à plonger dans un court sommeil salvateur, j'entendis Photine qui, le suppliant, insistait :

« Basile, tu m'avais pourtant dit que tu désirais employer un apprenti, lui transmettre ton métier… Tu vieillis, tu serais bien le seul maître qui saurait inculquer une quelconque formation à notre fils !

- S'il s'agissait d'Akylas, ce serait un honneur ma chère cousine, où pourrais-je trouver novice plus consciencieux ? Je te dirais « affaire conclue, je l'engage dès demain ! » Je ferais de lui ce fils que je n'ai jamais eu et lui transmettrais le commerce dès qu'il serait en mesure de travailler seul. Mais Nicandre…»

Tu soupçonnes, soldat, que ma femme montra quelque embarras et l'interrompit.

« Oui cousin, je te parle bien de Nicandre. Tu sais bien qu'Akylas ne renoncerait à ses livres pour rien au monde… Qui l'imaginerait dans la broderie ? »

Et voilà, janissaire, que j'entendis ces fameuses répliques du cousin qui, aujourd'hui encore, me laissent sans voix :

« Photine, j'avais juré à feue ma femme ta cousine alors qu'elle était sur son lit de mort que je ne t'en parlerais jamais. Mais aujourd'hui, tu me places dans une situation fort délicate…

- Explique-toi Basile ! La mort de ta femme n'a aucun rapport avec Nicandre, la pauvre femme était si malade !

- Non, je ne te dis pas qu'il a tué mon épouse. Ton fils n'est pas un tueur… Mais… Mais un violeur, si ! »

Soldat, je n'ai jamais descendu un escalier aussi vite. En quelques secondes, j'avais rejoint Basile alors que Photine, victime d'un étourdissement, était tombée sur les dalles de l'allée. Lorsqu'elle se fut remise, le cousin s'expliqua :

« Ma regrettée femme avait raison, je n'aurais pas dû le dire ! C'est une histoire ancienne, Nicandre n'avait alors que huit ans…

- Dis-nous la vérité, hurlai-je, parle ! »

J'étais furieux. Quatre ans après, soldat, j'apprenais que Nicandre était un violeur ! Comment était-il possible de violer à huit ans ? Que nous racontait ce cousin ?

Je l'obligeais à se justifier aussitôt et il poursuivit donc son récit :
« Un jour, tandis que Nicandre avait été invité à la maison à l'occasion de la fête de ma petite-fille Anna, celui-ci s'enferma avec elle dans sa chambre. Il y avait du monde et nous ne nous aperçûmes pas immédiatement de leur absence. Lorsque soudainement, j'entendis des cris stridents à l'étage, je montai l'escalier quatre à quatre. La porte était verrouillée de l'intérieur mais par chance, elle ne résista pas à mon épaule. Maintenue sur le lit, par son propre grand-frère et un de ses acolytes, tous deux évidemment grands amis et toujours complices de votre fils, la gamine était nue. Nicandre, lui ayant arraché chemise du dessus, chemise du dessous, ceinture et chausses, était plongé avec une telle ardeur dans la palpation des organes génitaux de la petite qu'ils n'eurent pas même le temps de la libérer avant que j'intervinsse…

Cousins, l'heure est donc venue de vous avouer qu'à cet instant, j'ai bien failli tuer votre fils et mon propre petit fils ou les livrer aux cavaliers de la police militaire. Je l'aurais fait volontiers si je n'avais soupçonné ces derniers de dissimuler tout ou partie des fonds qu'ils soustrayaient aux brigands. Ils sont plus à craindre pour les populations que les bandits eux-mêmes, ils n'auraient donc pas hésité à les faire interner dans un monastère ou à les jeter en prison malgré leur âge ! Ce n'était pas ce que je souhaitais car, comme vous, cousins, je croyais encore qu'il serait possible de les sauver. En ce qui concerne mon petit-fils, je ne m'étais pas trompé. Son père a su le redresser à coups de bâton et c'est devenu un bon garçon. Mais le vôtre ? »

Le janissaire leva la tête et plongea son regard noir dans celui de Leftéris. Il semblait l'interroger. Pourtant, ce dernier haussa les épaules :
- Tu as pitié de cet idiot, n'est-ce pas ? Et de ses victimes, tu en dis quoi, misérable ? Ses professeurs, l'architecte, le boulanger, le fermier, le barbier, la gamine, Akylas, moi… Penses-tu à nous

tous qu'il a passé son temps à maltraiter afin de ressembler, sans même peut-être le comprendre, à son père et à ses frères ?

De retour à la maison, j'emmenai aussitôt Nicandre au port où les navires des marchands chrétiens, chargés de leurs esclaves de la mer noire, s'apprêtaient à prendre la mer, en direction de l'Italie, l'Espagne ou l'Egypte.

Inquiet, le janissaire sursauta.

- Non pas pour le vendre, crétin, tu sais bien que je ne suis pas méchant ! Je voulais simplement qu'il prenne conscience de l'âpreté de la vie. Et s'il ne comprenait toujours pas, me disais-je, il me serait toujours possible, en dernier lieu, de l'emmener visiter les prisons de l'empereur afin qu'il y jugeât le délabrement physique et moral de nos prisonniers...

Leftéris, dont les mains tremblaient d'émotion chercha à se contenir. Il se leva et se saisit d'une pomme qu'il engouffra aussitôt avec le trognon. Puis il se tourna vers le soldat :

- Je suppose qu'avec ton regard animal, tu es aussi cultivé que mon fils... Si tu veux comprendre la suite, laisse-moi donc d'abord t'expliquer un peu la situation maritime et commerciale de l'époque... Si, je vais t'instruire un peu, benêt, tu en as besoin je présume ! Ecoute, ce ne sera pas long !

Donc, je savais qu'à l'époque, le sultan d'Egypte envoyait ses préposés jusqu'à Caffa et dans l'arrière-pays de Crimée pour acheter des esclaves tatares, circassiens et russes qu'on embarquait à bord de bateaux transporteurs appartenant, le plus souvent, à des marchands génois et vénitiens. Une partie considérable de ces esclaves ne passait évidemment pas par les détroits, mais était débarquée dans les ports de l'Asie Mineure puis menée par voie terrestre jusqu'à la côte méditerranéenne de la Syrie ou du sud de l'Asie Mineure. Les autres continuaient leur périple vers l'Egypte où le sultan mamelouk les achetait à haut prix dès leur arrivée. Ces damnés n'avaient plus qu'à prier pour voir venir le terme de leur calvaire.

Le plus important, pensais-je, était que certains Grecs fissent aussi partie des marchands. Pour la plupart, comme d'autres habitant la région pontique, ces derniers n'avaient que peu d'intérêts à vendre leur marchandise car le nombre total d'esclaves partant de

Caffa diminuait d'année en année. Leur axe principal de traite allait donc de l'Asie Mineure à la Crimée avec retour en Asie Mineure dont ils sillonnaient les côtes, se rendant, en premier lieu, à Sinope et Simisso.* Il me suffisait donc de trouver un marchand qui, pour quelques jours, embarquerait Nicandre et lui enseignerait la notion de soumission que subissaient ceux qui, dans leur vie, n'avait plus d'autre issue que celle de se vendre.

Entre les navires et les galées qui arboraient la bannière de Saint Marc et imposaient leur hégémonie en Orient et les coques génoises à corps ronds et voile carrée chargées de marchandises pondéreuses, j'aperçus une embarcation dont je connaissais de longue date le capitaine constantinopolitain. Je lui résumai en quelques mots ma situation familiale et lui demandai conseil. Sans tergiversations, il lança instantanément à Nicandre :

« A bord, voyou, tu vas apprendre à ramer, à frotter le pont et à être obéissant ! Essaie toujours de te rebeller avec moi, ceux qui ont osé ne peuvent même plus en témoigner… Par-dessus bord, hop ! »

Puis, le capitaine se tourna vers moi et rajouta :

« Leftéris, je te le ramènerai quand il se sera assagi et sera devenu un homme. Compte deux à trois années, d'ici-là je le garde ! »

Je dois avouer que je n'avais pas emmené le gamin au port dans le dessein qu'il fut emmené pendant tant d'années sur une galère. Pourtant, janissaire, je réfléchis rapidement et finalement, ne montrai aucune objection lorsque le capitaine le contraint à embarquer.

Photine serait immanquablement attristée de ma résolution ; cependant c'était véritablement, me disais-je, une opportunité de le voir changer et accepter enfin la discipline, la subordination et la docilité.

---

* Aujourd'hui Sinop et Samsun, villes de Turquie au bord de la mer Noire.

X

LA FAUTE

- **P**lus de deux ans passèrent sans que personne, finalement, vît réellement un inconvénient à l'absence de Nicandre. Photine avait repris ses occupations quotidiennes, cousait, brodait ou se rendait à l'église tandis qu'Akylas, retrouvant la sérénité qui lui avait tant manqué, dévorait de multiples livres et, chaque jour davantage, émerveillait ses professeurs. Nous n'avions certes pas oublié notre cadet, mais cet éloignement redonnait force et complicité au noyau familial. Nous trouvions, après tout, l'occasion d'échanger de multiples conversations guillerettes, des rires joviaux, ou plus sérieusement parfois, de longues théories historiques plus ou moins vraisemblables mais au demeurant fort passionnantes.

Indubitablement plus détendu alors que son esprit replongeait dans des années de bonheur et qu'il parlait enfin de son fils aîné, Leftéris ne put se retenir de rire.

- Je me souviens, par exemple, qu'après la lecture de quelque document de chroniqueurs de l'époque classique, Akylas s'interrogea vivement sur l'origine du Déluge biblique.

« Pour sûr, soutenait-il, avaient-il raison ces érudits ! Il s'agissait probablement du débordement des eaux des rivières dans la Méotide et le Pont-Euxin et celles-ci avaient alors formé le Bosphore ! Ce détroit était donc intimement lié à l'histoire du genre humain et en particulier à l'implantation des autochtones grecs au Nord de l'Égée. Darius n'avait-il pas été, en outre, le premier grand roi à l'utiliser pour passer d'Asie en Europe avant d'envahir l'Egée ?

N'avait-il pas, lui, pressenti l'importance du double passage que représentait le Bosphore, situé entre deux mers et deux terres ? »

Leftéris toisa le soldat et laissa pourtant échapper un soupir.

- Je perds mon temps... Que comprends-tu de tout cela, toi janissaire, tu ne dois rien connaître de l'Empire perse et n'aurais sans doute guère de passions communes avec Akylas, je le devine aisément à ton air de cul-terreux... Toi non plus tu n'as jamais dû ouvrir un livre de ta vie, tu préfères que je continue à te raconter les forfaits de mon jeune fils, n'est-ce pas ?

Le guerrier lui jeta un regard empli de mépris. Leftéris repartit aussitôt :

- Oh, tu ne vas pas jouer à l'intellectuel, maintenant ! Il va de soi que si tu avais été un individu pourvu d'intelligence et de sensibilité, tu ne serais pas entré ici ni chez d'autres auparavant, je présume, pour nous détrousser et faire couler le sang ! Alors s'il te plaît, dispense-toi de ce genre d'expression ! Je te répète qu'aujourd'hui, de par ta bêtise, tu es à ma merci. C'est bien toi qui as accroché le fanion sur la porte pour prévenir tes compères, non ?

Importuné par la question, le janissaire regarda ses pieds.

- Judas ! Tu n'as même pas le cran de me dire la vérité bien que je te soigne depuis hier, cria Leftéris avant de porter une main à sa bouche comme pour en atténuer le son, t'es-tu senti une seule fois en danger à mes côtés ? Non, évidemment ! Alors, modère ton arrogance et surtout, applique-toi à ne manifester aucune irritation lorsque je te parle d'Akylas ou de personnes cultivées, essaie plutôt de faire entrer quelques connaissances dans ton cerveau malade, sinon...

Il marqua une hésitation et reprit :

- Sinon, je règle ton sort et remonte aussitôt. Je serai bien mieux là-haut à discuter philosophie ou médecine avec mon fils que dans cette cave humide à te raconter la lamentable vie d'un fainéant infernal et dépravé, figure-toi ! Je continue son histoire à une seule condition, m'entends-tu ? Il te suffit de ne pas opiner, sourire ou te rallier moralement à ses égarements de sacripant ottoman. Je te rappelle qu'alors que les miens doivent mourir d'inquiétude à mon sujet, il nous reste encore deux nuits à passer ensemble. Crois-tu qu'il me soit possible de te supporter jusque-là ? Rien de moins sûr, si tu t'évertues à te comporter aussi impudemment...

En guise de réponse, le soldat lui fit un signe indiquant qu'il avait soif, mais Leftéris ne réagit point. Alors, le misérable joignit les mains puis les porta à son cœur.

- Voilà, je finirai par te dresser à la bienséance, malandrin, rien ne t'est dû ici-bas, ni ta vie, ni ma nourriture, rien ! Que crois-tu, ton Allah t'aurait-t-il promis quelque chose lorsque tu naquis ? Non. Alors, qu'attends-tu ? S'il est écrit que je doive passer ma vie à vous nourrir, fourbes Turcs, ayez au moins un peu de gratitude... Apprenez donc déjà à dire merci avant de nous faire la peau !

Cependant, tandis que le janissaire semblait surpris de la véhémence de sa réplique, Leftéris se leva, écrasa quelques fruits et du fromage qu'il mélangea de ses doigts et les déposa tout doucement sur les lèvres du soldat.

- Heureusement que tu n'as plus de dents, les morsures d'une bête enragée me seraient fatales. Inutile de te dire que si tu ne t'étais pas mis tout seul dans cet état, j'aurais tout fait pour t'y mettre moi-même...

Même s'il savait qu'il mentait, qu'il jouait puisqu'il eût été incapable de faire le mal quand bien même il se fût trouvé face aux griffes d'un animal sauvage, Leftéris aimait exercer ses capacités d'intimidation dues, incontestablement, à un redoutable esprit de repartie et à un physique robuste dont il se félicitait intérieurement.

« Après tout, se disait-il, ce voyou avait eu bien de la chance de pénétrer seul chez lui et qu'il l'épargnât ! Un autre Grec, armé comme il l'était, ne l'aurait évidemment pas pris en pitié... »

Mais lui, qui se savait démesurément compatissant et sensible, ne souhaitait en aucun cas que cet inconnu le comprît. Il le dévisagea à nouveau et murmura :

- La nuit va tomber. Lève tes pieds, je vais t'ôter tes bottes. Tu ne vas pas encore dormir chaussé, non ? Lève les pieds, te dis-je !

Mais le janissaire n'obtempéra pas.

- Bien, monsieur veut les garder... Un janissaire pieds-nus serait-il considéré comme parjure par son sultan ou bien tes orteils sentent-ils si fort que tu craignes de m'incommoder ? Quoi qu'il en soit, je respecte ta volonté, je me contrefiche de tes obligations, de tes états d'âme et, à bien y repenser, de ton confort généralement.

Une fois encore et malgré son énervement, Leftéris le contraint à faire quelques pas et constatant que le janissaire faisait de très nets progrès et parvenait, désormais, à en faire neuf presque sans appui ni saignement, il sembla se réjouir. Lui seul savait si le sourire qu'il arborait exprimait son amour propre relatif à ce succès dans l'art de la médecine ou s'il était réellement soulagé que l'individu se sentît mieux.

- Si les forêts comprenaient ce que leur destinent les cognées, elles ne leur offriraient pas les manches, dit-on à Constantinople, et si moi je te connaissais mieux, je ne sais pas si je t'aiderais ainsi. Espérons que l'avenir fera taire mes ressentiments, janissaire, tu te portes mieux et c'est bien là l'essentiel. Veux-tu donc, avant de dormir, que je te raconte ce que Nicandre osa faire sur le bateau ?

Le soldat lui adressa un sourire et hocha la tête.

- Naturellement, ainsi que tu l'imagines, c'est bien après que j'appris ses aventures... Deux ans plus tard, alors que son capitaine s'était défait du gamin ! Certes, me diras-tu, la vie des marins et des esclaves qui avaient embarqué était des plus austères et seul le capitaine disposait d'une cabine étroite, dans laquelle il conservait un coffre contenant toutes les valeurs du bord. La nourriture, bien que frugale, était néanmoins garantie à ces hommes par un approvisionnement systématique lors des fréquentes escales. La pêche, par les beaux jours de l'été, leur permettait également de parfaire leurs rations quotidiennes et il arrivait même aux rameurs de chanter. Mais lorsque les vents se déchaînaient, que les vagues traîtresses venaient éclater sur la proue malmenée et que l'embarcation, jouet des éléments de la nature, s'agitait en tous sens comme un cheval fou, alors les hommes, en proie à un terrible mal de mer, vidaient leurs estomacs sur leurs propres pieds tremblotants.

« Qui était ce diable qui les avait contraints à s'enrôler volontairement, hurlaient-ils, qui avait pu leur souffler que ce fût-là la seule opportunité qui leur permettrait de nourrir leurs familles ? »

Ne leur suffisait-il pas de ramer, d'endurer le fouet pour les plus rebelles ? Leur fallait-il encore vomir tripes et boyaux, vivre au milieu de cette vermine qui proliférait allègrement à bord ? Assurément, il devait la boire cette eau nauséabonde qui, dans l'attente d'être remplacée au port suivant si la mer consentait à les laisser accoster, se raréfiait et se putréfiait dans d'infects tonneaux où grouillait une multitude de petits vers blancs.

Oui, janissaire, pendant les mois d'hiver, il faut bien reconnaître que la vie à bord n'est pas une sinécure. Tu pourrais peut-être te demander, par exemple, comment mesurent-ils la vitesse du navire, élément indispensable à l'évaluation du chemin parcouru ?

Un peu au hasard, par diverses observations telles que la force du vent, la vitesse de l'eau le long de la coque... Pour la latitude, ils surveillent la hauteur du soleil au-dessus de l'horizon. Mais, tu penses… La plupart du temps, soumis aux ordres de capitaines profanes qui n'en ont le titre que parce qu'ils sont propriétaires de l'embarcation et qui laissent à des sous-fifres à peine plus compétents le soin de la diriger, les matelots sont toujours prédisposés à la mutinerie. Mal rémunérés et craignant au plus haut point les multiples dangers de la navigation même en mer Noire, ils ne se sont résignés à embarquer que par l'appât du lucre. Alors, au plus fort de leur désarroi, ces malheureux ne manquent pas de recommander leur âme à Dieu, promettant pèlerinages ou actions de grâce, tous ces serments qui, en outre, une fois le premier pied posé à terre et la peur oubliée, ne seront pas toujours tenus. Une putain de taverne est incontestablement un bien meilleur salut, n'est-ce pas ?

Enfin, pour en revenir à notre larron, inutile de te dire qu'enfin, Nicandre recevait une bonne leçon de la vie ; on eût pu l'espérer tout au moins ! Mais ce dernier n'était pas du style à se laisser mourir de faim, penses-tu, et dans les premiers mois, l'imbécile trouva remède à sa diète en volant de la nourriture, fort restreinte à bord, dans la coquerie...

Il me paraît superflu de te raconter ce qu'il endura ! Pendant des semaines, presque privé de sa pitance quotidienne, il rama deux fois plus que de mesure.

Leftéris s'esclaffa :

- Le capitaine le contraignit même à grimper tout en haut du mât, maintes fois et sans arrêt pour souffler, sous les rires humiliants et les huées des hommes de bord parmi lesquels, certains mauvais plaisants, menaçaient de dévorer tout cru le surplus de graisse de son ventre. L'idiot était fort effrayé !

Mais la punition fut jugée insuffisante par les matelots. Il dut aussi astiquer le bateau de ses vomissures lors des tempêtes qui s'ensuivirent ou chaque fois que les hommes étaient malades.

Qu'en dis-tu, soldat ? Allait-il alors se plier aux règlements de la vie à bord, admettre la notion de hiérarchie, accepter enfin l'autorité, ou continuerait-il à agir comme un voleur, un être perfide et dénué de respect et d'empathie ?

Malgré la douleur qui la tourmentait, un rictus s'ébaucha sur la bouche du janissaire, à présent perplexe et manifestement irrité.

- Tu plaisantes ? Ne fais pas cette tête, écoute-moi plutôt !

Un jour, alors qu'un brouillard de plomb s'était abattu sur la mer et que le marin de veille, fort occupé à guetter les obstacles que risquait de heurter le navire aveugle s'affairait dans sa gabie*, marinette** à la main et que personne ne pouvait l'apercevoir, Nicandre s'approcha des trois jarres, que le capitaine avait consciencieusement dissimulées à la poupe.

« Ce maraud nous prendrait-il pour des novices, se dit-il, oserait-il se garder des mets de choix tandis que nous croupissons comme de vulgaires rats ? »

Il renversa précipitamment l'une des céramiques qui se brisa aussitôt, laissant échapper une effrayante cargaison de serpents.

Le benêt, s'il avait écouté ses professeurs, n'aurait pas ignoré que c'est là l'une des meilleures armes byzantines que les marins lancent sur les pirates qui sillonnent les mers ! Epouvantés, hurlant et essayant de s'enfuir, les hommes faillirent faire échouer le navire…

Crois-tu qu'il se calma pour autant ? Pas le moins du monde !

---

* Hune placée au sommet du mat ou se tenaient les hommes de vigie.
** Instrument de navigation consistant en une aiguille pivotant au-dessus d'une rose des vents.

Au contraire, courant de bâbord à tribord, il les incita à sauter par-dessus bord, hurlant comme un forcené que le capitaine ne les rémunérerait jamais et qu'une fois arrivés à destination, ils seraient destinés à une mort certaine, engloutis par les reptiles...

Le capitaine avait prévenu : celui qui se rebellerait serait jeté à la mer, par-dessus la lisse...

Pourtant, même lui ne fit exécuter ses menaces puisque... Nicandre était mon fils !

Reconnais, janissaire, que ce brave homme avait fait preuve de patience ! Néanmoins, il le fit mettre aux fers. La crapule fut enchaînée par les pieds dans la cale et eut cette ultime faveur d'avoir les mains libres tandis que d'autres insoumis, bien moins coupables que lui, furent entravés aux quatre membres. Dans les premiers temps, il ne vit aucune objection à être puni puisqu'il échappait ainsi à toutes les corvées, même à celle de ramer lorsque le vent tombait. Mais rapidement, le malin qui habitait son corps reprit le dessus... Et voilà que notre garnement se mit en tête de rompre ses chaînes !

Un jour, alors que le marin coq lui avait descendu sa cuillère de bois et sa gamelle journalière composée d'un brûlant gruau répugnant, le gredin, dans un geste d'énervement, la projeta sur les autres captifs. Puis, croyant pouvoir briser l'entrave, il passa la cuillère dans un anneau de sa chaîne et força de toute son énergie. Sa détermination ne suffit point, la cuillère cassa... Tandis que les autres le sommaient de décolérer, crois-tu que le démon se calma ? Devine... Il s'allongea au sol et roula sur lui-même dans l'espoir de faire voler en éclats les maillons de cette attache qui le retenait prisonnier. Il tourna tant et si bien qu'il failli finir pendu par un pied, comme un cochon sur un croc de boucher ! Au point de torsion maximal, la chaîne se mit à tourner en sens inverse. Après maints tours sur lui-même, virevoltant et vomissant comme un perdu, il retrouva sa position initiale sous les rires sans pitié de ses frères du malheur.

Que fit-il alors, janissaire ?

Ne t'épuise pas à réfléchir, tu ne trouveras pas...

Fort énervé par cet outrage, il s'acharna à perforer la coque avec le manche cassé et donc particulièrement effilé de sa cuillère ! Je t'assure, soldat, l'imbécile se croyait capable de percer un navire avec un morceau de bois... Ameuté par les rires et les cris de ses comparses, le capitaine descendit à la cale et le surprit sur le fait. En un clin d'œil, il passa les trois autres anneaux à Nicandre. Attaché par les deux jambes et les deux bras, celui-ci ne risquait plus de compromettre le cabotage du navire...

Puis, le capitaine hurla :

« C'est ainsi que tu me remercies de ma bonté, petit corniaud ? Imagine seulement que tu sois parvenu à trouer la coque... Ton père avait raison, tu es décidément le dernier des imbéciles pour ne pas avoir compris qu'il t'aurait fallu, pour cela, un bon outil de fer ou un canon, pas une cuillère ! As-tu, au demeurant, pensé au fait que si on avait coulé, tu serais mort noyé toi aussi ? Tu n'as pas dû inventer la roue, toi ! Crois-moi, tu vas payer cher cette mutinerie, j'en ai par-dessus la tête de tes puériles âneries. Attends seulement qu'on rentre à Constantinople, tu pourras pleurer et te lamenter tout ton soûl, personne ne t'entendra, tout le monde t'oubliera ! »

XI

LA CAPTURE

Alors que le janissaire s'était profondément endormi, Leftéris en profita pour monter à l'étage. Dans le salon, il découvrit Photine et Akylas qui dormaient eux aussi, côte à côte sur le tapis à même le sol. Il hésita. Devait-il les réveiller malgré l'heure tardive ? Pourrait-il les faire descendre à la cave sans les exposer à un grave danger ? Il se ravisa. Mieux valait, pensa-t-il, attendre encore vingt-quatre heures que les Turcs cessassent leurs saccages et leurs tueries pour les serrer dans ses bras.

Il s'assit sur le rebord de l'âtre et les regarda songeur.

« Ces deux-là sont vraiment les piliers de ma vie, pensa-t-il, ne serait-elle pas, sans eux, qu'un vaste champ de ruines ? »

Bien qu'il ne pût s'attarder, il détailla leurs visages comme s'il les voyait pour la première fois et crut y discerner un sourire qui illuminait leur sommeil.

« Voilà la personnification de l'innocence, se dit-il, celui de l'amour, de la grandeur du cœur et de l'âme. Combien de fois ont-ils enduré ma colère ou mes doutes, m'ont-ils encouragé, aidé, soutenu ? Quand mon orgueil me disait que c'était impossible, que mon expérience me soufflait que c'était dangereux, que ma raison criait que c'était sans espoir, eux ne me murmuraient-ils pas : « Essayons Leftéris, soit nous y parviendrons soit nous aurons appris ! »

N'ai-je pas tout découvert de ces deux êtres, ne m'ont-ils point donné l'essence de la vie sans du tout me changer, me comparer, me juger ? »

Il se pencha, posa un genou au sol et les baisa au front.

- Demain mes amours, chuchota-t-il, demain nous serons enfin à nouveau réunis. Dormez-bien !

Il se leva, fit quelques pas et se retourna pour les regarder encore.

« Je dois les prévenir que je suis vivant, pensa-t-il alors, puisque, hélas, ils ne se souviendront pas de mon baiser lorsqu'ils s'éveilleront. »

Il arracha une page blanche d'un vieux livre de cuir, prit une plume et y griffonna rapidement :

« Ce soir encore, la foudre déchire la nuit car comme vous, le ciel est en train de rêver... Dormez-bien, les rêves sont les seuls plaisirs de la vie que les Ottomans ne nous prendront pas ! Je vous retrouverai demain quand tout sera prêt ; d'ici-là, prenez bien soin de vous. Je vous aime. »

Il traversa la cuisine presque en courant, attrapa une miche de pain dans la huche et, sans omettre de la condamner, il referma discrètement derrière lui la porte qui menait à la cave.

Par bonheur, le janissaire n'avait pas bougé. Leftéris lui jeta un coup d'œil machinal, tourna le regard vers le plafond voûté, les murs, le sol et les tonneaux, quand une sensation étrange s'empara implacablement de lui. Tout chancelait, basculait et s'écroulait. C'était une répulsion presque physique, un haut-le cœur, une aversion farouche, rancunière pour tout ce qu'il regardait, tout ce qui l'entourait. La bête encore, celle qui était entrée en lui alors qu'il se battait sur les murailles...

« Je suis malade, se dit-il, voilà deux jours que je raconte ma vie à cet individu tandis que ceux que j'aime sont en haut. Ce janissaire et tous les siens sont en train de me rendre fou.»

Il se souvint alors de sa rencontre avec lui, de sa chute, de ses interrogations, de ce sentiment malsain. La seule malédiction qu'il fût entré chez lui pour le tuer...

Comment avait-il pu redescendre au lieu de s'occuper des siens, n'aurait-il pas dû enfermer cet intrus dans la cave et le laisser agoniser ? Ses réactions d'humanité injustifiée à l'égard d'un tueur lui parurent soudain absurdes, irraisonnables, un peu grotesques même. Il avait sans aucun doute sombré dans la folie.

Pourquoi d'ailleurs, bien qu'il en eût le cœur amèrement serré et la gorge nouée, tout son passé, sa femme, son fils, ses amis, les pensées et les objectifs au nom desquels il luttait encore deux jours auparavant, cette ville, son détroit et ses églises lumineuses, tout cela disparaissait d'un seul coup, englouti par un trou béant et pourtant presque imperceptible face à lui ?

Il croqua dans la miche de pain et s'assit sur une marche. Il aimait Constantinople et adorait sa famille, il en était sûr. Pourquoi ce cauchemar l'envahissait-il alors et l'émotion le pétrifiait-elle à présent ?

« Dans ce janissaire, je retrouve les mêmes expressions de stupidité que celles que je discernais sur le visage de mon cadet. Cette indolence, cette mollesse à nouveau… Finalement, je le vois partout, il m'obsède, me hante. Suis-je donc si faible que je n'ai pu l'oublier ou bien serait-ce l'épuisement et la peur qui me terrassent ? »

En proie à la panique, à une terreur soudaine qu'il n'avait jamais éprouvée, il remit à plus tard l'espoir d'en trouver l'explication. Pourtant, lui fallait-il tranquilliser son esprit s'il voulait tenir bon une nuit et une journée supplémentaires.

Il s'agenouilla auprès du janissaire et palpa délicatement ses robes de laine. Visiblement, l'homme ne dissimulait aucune arme. Leftéris s'interrogea à nouveau et parvint rapidement à la conclusion que l'épuisement, la faim et l'angoisse étaient vraisemblablement les seuls responsables de son accès de démence.

« Demain soir, je serai libéré de ce poids, se dit-il, peu m'importe finalement le prix que nous fera payer Mehmet pourvu qu'il rappelle ses janissaires dans leurs camps ! »

Soulagé par cette idée éphémère, Leftéris s'allongea et sombra enfin dans le sommeil.

Au matin du troisième jour, Leftéris sursauta lorsqu'il entendit des pas auprès de lui. Le janissaire s'était levé tout seul et fouillait dans les jarres.

- Serait-ce la faim qui te donne des ailes ? Si tu cherches le fromage, il est dans l'autre. Dans celle-ci, il n'y a que des fèves séchées, tu ne pourras rien en faire ! fit Leftéris.

Le soldat, encore vacillant, lui lança un regard reconnaissant et le désigna de l'index. C'était pour Leftéris qu'il cherchait quelque chose, à son tour souhait-il se montrer serviable.

Ce dernier s'en montra touché.

- Laisse-moi faire, s'exclama-t-il, ce court sommeil m'a été bénéfique, je vais préparer un repas de fête pour célébrer notre séparation à venir ! Ce soir ou demain matin, tu repartiras dans ton campement, tu échapperas de la sorte à la fin de l'histoire de Nicandre et crois-moi, ce n'est pas plus mal !

Le janissaire s'agita et fit une grimace.

- D'accord, fit Leftéris en soupirant, je te prépare ta bouillie et te la raconte. Après tout, tu as raison, nous avons encore de longues heures à passer ensemble.

Une fois de plus, Leftéris s'évertua à nourrir l'individu défiguré que la nature elle-même ne semblait décidée à guérir. Après chaque bouchée, l'homme lui caressait le bras ou portait sa main à son cœur.

Enfin, Leftéris se redressa et pour la première fois, un rire sincère retentit dans la cave.

- Finalement, tu n'as pas tort de me demander de continuer, janissaire, Mehmet te réserve peut-être une fin identique à celle de Nicandre, qui sait ! Ecoute un peu, tu n'en croiras pas tes oreilles...

Tu te souviens de ce qu'il avait commis sur le bateau, n'est-ce pas ? Les vols à la coquerie, le bris de la jarre à serpents, et puis l'affolement des hommes et ses velléités à rompre ses chaînes ou à couler le navire... Bien ! Le capitaine tint donc parole et dès que son navire fut amarré dans le port de Constantinople, il paya ses hommes et libéra tous ceux qui préféraient retourner chez eux. Tous ? Non, pas Nicandre qu'il emmena directement avec lui à travers les ruelles du port afin de le livrer aux forces de police. Le capitaine hurlait et ponctuait ses mots de rudes coups de pieds :

« Je t'avais prévenu, forban, je déteste les insoumis ! Puisque plus de deux ans ont passé et qu'à quatorze ans ou presque tu n'es pas fichu d'obéir, tu vas goûter aux joies que te réservent les geôles de notre empereur ! »

Le janissaire essuya une larme.

- Attends ! fit Leftéris, ne le plains pas trop vite, tu penses bien que ce révolté ne l'entendait pas ainsi ! Profitant d'un moment d'inattention et de la foule grouillante à cette heure de marché, il s'en fut en courant. Ameutant de ses braiements les hommes qui se trouvaient là, le capitaine et ces derniers s'en furent à la poursuite du chenapan. Devine un peu où avait-il bien pu se cacher, le Turc ! À ton avis, à la citerne comme lorsque, petit, il se protégeait de mon ire ?

Leftéris laissa à nouveau échapper un petit rire.

- Eh bien non, figure-toi ! Le capitaine qui, après cet épisode burlesque me rejoignit sur un chantier, me raconta ses incroyables prouesses :

« Ton gosse, non satisfait d'avoir semé la zizanie à bord, s'échappa donc et trouva encore l'aubaine de dérober au passage quelques fruits sur l'étal d'un marchand puis une lampe de cuivre un peu plus loin. Tu te doutes, Leftéris, que je ne l'aurais jamais cru capable d'un tel affront, sinon je l'aurais maintenu enchaîné... Mais ces Ottomans sont prêts à tout, même à pénétrer dans un lieu saint afin d'y être chaperonnés par notre Église ! »

- Le voilà donc, reprit Leftéris, caché derrière l'autel de la chapelle principale du Saint-Sauveur *in Chora*, sous le regard sévère de la Sainte Vierge, de l'enfant Jésus et de douze anges prêts à l'expédier en enfer.

Le problème, rajouta-t-il en pouffant de rire, est que notre bonne Église ne protège pas les voleurs qui se réfugient dans l'un de ses monuments, sauf si ceux-ci ont réussi à revendre préalablement les objets dérobés et à réunir ainsi la somme nécessaire pour racheter leur liberté et leurs péchés !

« Asile ! » criait l'idiot tandis que le pope, bousculé dans son homélie était prêt à s'insurger. Heureusement, le capitaine, aidé de quelques bigots dévoués ou bien-pensants parvint à se saisir de l'adolescent et à le remettre aussitôt à la bonne garde de la police.

Le soir, après une journée harassante de travail sur un chantier lointain que je n'aurais en aucun cas pu abandonner dans le but de rechercher Nicandre ou tout au moins d'apprendre le lieu de sa détention, je m'en retournai à la maison où je trouvai Photine et Akylas, déjà attablés devant une marmite de porc aux lentilles.

Plein d'ironie, je les saluai :

« Bonsoir mes chéris, j'ai des nouvelles de Nicandre, il est de retour à Constantinople !

- Ah bon ? Laisse-moi donc lui mettre une assiette, me répondit la bonne Photine, depuis combien de temps le pauvre enfant n'aura mangé à sa faim ou tout au moins avalé un bon plat que seul une maman sait concocter correctement ? »

Je n'eus pas le temps de répondre qu'Akylas intervint :

« Pas question, Père, s'il revient, je pars m'installer chez un ami. J'en ai par-dessus la tête de ce chenapan ! »

Le janissaire baissa les yeux.

- Alors vois-tu, soldat, devant une telle fermeté, comprenant à cet instant à quel point Akylas avait été blessé par son cadet et méritait enfin de jouir de son statut de fils honnête et méritant, je m'approchai de lui et posai ma main sur son épaule. Je lui murmurai :

« Je sais, Akylas… »

Mais mon fils rétorqua aussitôt :

« Non Père, ne crois pas que je fasse référence à mes professeurs qui cette année, pourtant, sont bien trop exigeants pour que je trouve le temps de sévir quand toi tu es à ton travail. Me vois-tu encore courir derrière lui dans toute la ville ? Je ne me permettrais pas non plus d'affirmer que le laisser jeûner me paraîtrait, en outre et quoiqu'en dise ma mère, une excellente idée qui le sauverait peut-être de son insatiable gloutonnerie. Par contre, que celui-ci s'évertue à salir notre nom et que toi, Père, tu perdes ton temps et ta fortune à tenter de le couvrir et rembourser ses méfaits, est-ce juste ? »

- Tu te doutes, janissaire, qu'Akylas était hors de lui et ne chercha même pas à savoir où se trouvait son frère. Il se servit un grand verre d'eau et ajouta :

« Je me moque bien de ton argent, Père, tu sais parfaitement que mon avenir est tracé. Mais plus jamais ne supporterai-je ce brigand dont le seul but est de nous attirer des ennuis. Il est désormais le déshonneur de toute une famille et de surcroît, aller à nouveau à sa rescousse serait un affront à l'endroit de tous les amis qui ont voulu t'aider. N'as-tu point ton honneur à défendre ici à Constantinople ? Tout le monde te sait intelligent et prévoyant, n'est-ce pas ? Laisse-le donc là où il se trouve, je te prie, à moins finalement que tu n'aies vocation à te morfondre en prison au nom de l'un de tes fils... »

XII

LES TOURS D'ANEMAS

- Après cette pénible discussion, sans plus la moindre intention de ramener Nicandre à la maison mais plein de remords, je me disais que je devais m'enquérir de l'endroit où il avait été déféré dans l'attente de son jugement. Que pouvais-je faire cependant, alors que les paroles d'Akylas, m'ayant profondément touché, résonnaient constamment dans mon esprit ?

Assurément avait-il raison, pensais-je, le temps était venu pour moi de faire prévaloir les intérêts de ma famille et de ma carrière et je devais immédiatement cesser d'ébruiter le fait que j'étais le père de ce misérable. Si je voulais véritablement le chercher, il ne me restait donc plus qu'une unique solution : demeurer anonyme afin que la bonne société ne me méprisât point. Quelques jours plus tard, je pris la décision de sortir de la Ville afin de rencontrer son grand-père. Peut-être pouvait-il m'en apprendre davantage.

Comme je l'attendais depuis quelques heures, je le vis enfin apparaître, à petits pas, vêtu de son invariable tunique blanche et d'un pantalon bouffant. Il m'enlaça aussitôt et m'entraîna un peu plus loin.

« Mon cher Leftéris, me dit-il, je crois que mon temps est compté. Mon cœur ne supportera plus guère les frasques de ma famille, je suis extenué…

- Mon pauvre ami, tu es au courant des délits de ton petit-fils, n'est-ce pas ?

- De mon petit-fils ? De mon fils et de mes deux autres petits-fils, veux-tu dire ? Bien sûr ! Après une abondante consommation de chanvre destiné aux cordages des navires qu'ils volaient quotidiennement dans les champs et qu'également ils négociaient, les deux voyous agressèrent des Grecs de la Ville et furent arrêtés pour blessures graves, vol, recel, que sais-je encore ! Dans son camp, Faruk attaqua, lui, le chef cuisinier et divers janissaires et les dépouilla de tout ce qu'ils possédaient, nourriture, armes, et même vêtements ou bottes. Ils furent tous trois jetés indépendamment en prison, comme si le diable les avait simultanément piqués de son dard venimeux. Ah mon frère, quelle misère, ces gosses n'ont pas vingt ans et sont déjà si dépravés ! Ma famille est tombée dans un cercle infernal. Tu penses, continua le vieillard les yeux embués de larmes, si leur mère ne les avait pas abandonnés, on n'en serait certainement pas là aujourd'hui… »

Le vieillard essuya son visage et reprit :

« Qu'Allah protège notre petit Kurban-Nicandre, lui au moins est en bonnes mains. Promets-moi, Leftéris, que tu en feras un médecin et qu'il sauvera l'honneur de ma descendance…

- Je ferai ce que je peux, lui répondis-je prestement, comprenant aussitôt qu'il n'était au courant de rien et que le Destin l'avait déjà par trop accablé. Prends garde à toi, mon ami, je reviendrai dès que possible.

- Je suis bien vieux, Leftéris, mais crois bien que mon cœur, lui, ne l'est pas. S'il est couvert de craquelures, il ne porte néanmoins aucune blessure que mon dieu ne pourra guérir le jour du grand voyage puisque je t'ai rencontré. Va en paix, Grec, tu m'as donné une grande joie avec ta visite aujourd'hui, qu'Allah te garde. »

- Réconforté par sa bénédiction quoique je n'eusse trouvé le courage de lui parler de Nicandre, je repartis pensif à travers champs, bien décidé à découvrir le lieu de sa détention. Quatre hommes d'une même famille et un destin commun derrière les barreaux, me disais-je, voilà ce que l'on appelle de la constance dans l'élaboration d'une entreprise familiale, n'est-ce pas janissaire ?

Le soldat ne sembla pas apprécier la plaisanterie. Il leva un bras et fit un geste presque insolent à l'endroit de Leftéris, comme s'il réclamait qu'il continuât sur-le-champ, sans abonder, lui non plus dans ses propres états d'âme. Leftéris s'exécuta :

- Tu n'as pas tort, spadassin, le temps passe et ne me laisse plus droit aux sarcasmes. Donc, te disais-je, je quittai le vieillard et m'approchai du monastère qui se trouvait sur mon chemin. Parvenu au portail, j'interpelai une vieille nonne qui se pencha précipitamment sur ses fleurs fraîchement plantées afin d'éviter tout dialogue.

« Ma sœur, auriez-vous la bonté de me dire si des hommes sont emprisonnés chez vous ? lui criai-je.

- Bien sûr que non, s'égosilla-t-elle presque blessée dans son intégrité, vous devriez savoir que l'on n'enferme que des femmes dans ce monastère !

- Bien, je l'ignorais, fis-je poliment.

- Dans nos monastères, au moins, ni les sœurs ni l'higoumène n'ont la tentation d'abuser des prisonnières... Pas comme dans les prisons ou les gardiens ne se gênent pas pour...

- Dieu du ciel ! lui répondis-je ironiquement. Voyez-vous, ne suis-je pas au fait des lois impliquant de semblables pécheurs, veuillez m'en excuser, bien le bonjour, ma sœur ! »

- Soldat, tu sais bien, je présume, que notre ville compte un assez grand nombre de prisons, toutes plus obscures les unes que les autres, dans lesquelles les plus violents des meurtriers côtoient chapardeurs, faussaires, diseurs de bonne aventure, adultères, joueurs de dés et fous abandonnés de leurs parents et où même les rayons du soleil si bouleversés et ignorant s'ils ne seront anéantis par les ténèbres, n'osent pénétrer. N'ayant pas la moindre idée de l'endroit où Nicandre pouvait se trouver, je me dirigeai alors, sans conviction mais avec une terrible appréhension, vers les Blachernes. Jamais ce mur que je voyais presque tous les jours ne m'impressionna plus, moi l'architecte, qu'à cet instant, lorsque je lui fis face. D'une hauteur de quarante-cinq coudées pour une épaisseur de vingt à quarante coudées* selon les endroits afin que ses contreforts concourussent au soutènement de la colline où se dresse le Palais, il semblait me toiser en agitant, tel un reproche,

----

* D'une hauteur de vingt-trois mètres pour une épaisseur de dix à vingt mètres environ.

ses deux bras de pierres et de briques, les deux tours rectangulaires.

« Si Nicandre est derrière ces murs, il est perdu » pensai-je.

En effet, soldat, ces geôles qui font trembler les condamnés plus encore que les autres prisons se trouvent là, dans ces murs. Les prisonniers, qui tentent de survivre à cet enfer, déambulent de manière vraiment pitoyable. Outre les humides ténèbres qui ont, depuis près de trois siècles, englouti les cachots, le manque de place y est incontestable. Afin d'y remédier, on ne manque pas, certes de couper la tête des pires coupables, mais a-t-on le droit de laisser mourir d'étouffement les autres à force de les entasser dans ces étroites cellules ? Sais-tu que de surcroît, le récipient commun utilisé comme fosse d'aisances, dégage des miasmes infectes que pas même une bête ne souffrirait et empeste le peu d'air qui y pénètre et ainsi le rend irrespirable ? Ne t'étonne pas, janissaire, du fait que les prisonniers hurlent de joie chaque fois que l'un des leurs meurt étouffé sous les corps des autres ! Imagine que l'on soit une cinquantaine dans cette cave, t'aurais-je laissé la vie sauve ? Alors réfléchis et dis-moi : que voit dans ses cauchemars celui qui couvert de haillons et rongé par la vermine, dort à même les dalles de pierre, tourmenté par la faim, la soif et le froid ; le sais-tu toi, misérable ? Réclame-t-il de l'eau à son gardien s'il sait que celui-ci lui apportera du vinaigre en guise de boisson ? Non, comme tu l'as deviné, soldat, il préfère mourir. Ils sont si nombreux à mourir dans ce quartier des Blachernes, dans les tours de la prison d'Anemas…

Leftéris se leva et vida d'un trait un gobelet de vin.

- J'hésitais, janissaire. Je savais que dans tous les cas, je n'aurais pas accès à la prison. Et puis souhaitais-je vraiment être confronté à la misère de ces hommes ? Pourrais-je d'aventure, apprendre si Nicandre y était vraiment incarcéré ?

Je m'éloignai, bien décidé à tirer un trait définitif sur le passé.

Combien de pas fis-je, pourtant, avant de me culpabiliser ? Dix, vingt peut-être. Ce gosse avait été délaissé par sa mère, par son père, par son grand-père même… Quoiqu'en dise Akylas, je ne pouvais pas l'abandonner à mon tour.

Je m'en retournai donc et aperçus un attroupement de gens fort échauffés devant la porte principale. Il faut avouer, janissaire, que les familles des détenus font tout ce qui est en leur pouvoir pour les réconforter. Les plus pauvres mendient, des femmes se vendent espérant cette pièce qui permettra au fils ou à l'époux coupable d'obtenir une lampe à huile ou un bol de lentilles. Néanmoins, mon attention fut attirée par une vieille femme, assise à même le sol, qui pleurait de toute son âme.

« Quel est ce chagrin qui ronge ton cœur, lui demandai-je alors ? Ton mari est à l'intérieur, c'est cela ?

- Mon fils, c'est mon fils ! Ils l'accusent de meurtre mais il est innocent. Ce n'est pas lui qui a tué ce marchand, non, je le jure !

- Calme-toi ! S'il est innocent, il sera sans aucun doute libéré rapidement, répliquai-je aussitôt.

- Mais non, hurla-t-elle, tu sais ce que m'a dit le diseur de bonne aventure que je viens de consulter ?

- Je t'écoute, femme, raconte-moi.

- Ne souris pas, il est doué, tu sais, il ne se trompe jamais, c'est un Bohémien de Valachie, je crois, un véritable clairvoyant ! Voilà, brave homme, ce qu'il m'a dit :

« Si tu veux savoir si ton prisonnier sera libéré ou s'il mourra en prison, suis bien les ordres que je te donne. Regarde attentivement ce papier et concentre-toi sur les lignes que tu y aperçois. Vois-tu à gauche et à droite de petites lignes rouges horizontales ? Si oui, compte-les, elles te diront le nombre d'années que ton fils croupira en prison. Ne t'énerve pas, elles signifient aussi qu'il finira par être libéré ».

« Mais non, lui répondis-je, je n'aperçois que des lignes qui montent, que disent-elles ? Va-t-il sortir demain, dimanche prochain, bientôt ? »

« Non, fit-il, ton fils est donc damné, il mourra en prison, mieux vaut que tu l'oublies alors. »

- Et la vieille femme, tordant ses mains, ajouta :

« Je promets que j'irai chaque jour à l'église embrasser les saintes icones, j'y mettrai tous les cierges que vous voulez, mais je vous en prie, Vierge Marie, Jésus et tous les saints, sauvez mon enfant, mon petit Pétros est innocent, aidez-moi je vous en supplie ! »

Leftéris considéra longuement le janissaire qui, toujours allongé au sol, le regardait sans sourciller.

- Quiconque a erré comme moi dans ces détresses, ces solitudes et ces pauvretés si proches du Palais y a entrevu la plus lugubre des misères, les limbes de Constantinople. Ce sont tous des enfants de familles démunies ou écartelées qui se disputent, soupirent ou larmoient. Dès qu'ils t'aperçoivent, ils se souviennent que tu pourras peut-être leur donner un sou, un sourire, un espoir, tandis que de la cour de la prison, fusent parfois dès l'aube les derniers cris des condamnés.

Le soldat tressauta. Leftéris lui lança un regard glacial.

- Que crois-tu, imbécile, que lorsqu'ils sont dans la cour, les prisonniers se promènent ou jouent aux jeux de tables ? S'ils n'avaient à souffrir que de la pénombre, du froid et de la promiscuité ! Mais à toutes ces tortures, s'ajoutent des supplices aussi nombreux que variées car les gardiens ne manquent pas d'imagination... Les verges, qui laissent en sang le dos du malheureux, sont une punition presque banale. Alors, parfois, on passe des cordes ou des chaînes de fer aux mains et aux pieds du prisonnier et un anneau autour de son cou que l'on a préalablement fixé par une chaîne à un poteau, comme un animal. On peut aussi lui faire subir le supplice public de l'entrave, comme jadis chez les Romains... Une lourde planche de bois percé de trois ou cinq trous pour la tête et les membres, le pilori. Le condamné est installé sur une estrade, sur la place publique. Une foule de gens se rassemble alors pour le punir. Parfois, elle lui jette de la boue, des aliments pourris, des animaux morts et même des excréments. En cas de faute grave, on le supplicie plus violemment, on lui rase la tête et on le fouette, on peut aussi lui couper les oreilles, le nez ou bien encore lui crever les yeux. Ensuite, la foule délirante, si elle n'est pas contenue par les forces de l'ordre, lui lance des pierres et des objets tranchants afin de le mutiler ou qu'il perde la vie.

Voilà pourquoi, janissaire, notre historien et poète Michel Glykas disait déjà il y a trois siècles : « La vie d'un prisonnier à Constantinople est comparable à un séjour en enfer. » Ces hommes ne sont pas seulement en proie à l'angoisse, mais encore à une terreur continuelle. Le vent qui fait bouger une branche les fait tressauter, un pigeon qui survole les tours les fait trembler, un coup, une voix, le moindre son leur fait craindre l'arrivée d'un gardien qu'ils voudraient ne jamais voir approcher.

Leftéris s'interrompit et réfléchit. Il reprit :

- Souhaites tu maltraiter les Grecs plus encore que ne peut le faire ton épée, janissaire ? Alors sors dans la rue et crie leur :

« Puissiez-vous finir vos jours en prison chargés de fers ! » Sois sûr que cette malédiction sera, pour eux, bien pire que toutes les peines que vous pouvez leur infliger !

Bref, soldat, ne nous éternisons pas sur l'imagination débordante de l'Homme qui, quelle que soit sa race, quelle que soit sa religion sera toujours le même en matière de cruauté, et revenons à notre histoire…

N'ayant rien à apprendre des gardiens que je ne pouvais de toute façon approcher, dépité et je dois l'avouer fort inquiet, je repartis à la maison. Le soir, bien que nous fussions tous trois réunis autour d'un gigot savamment concocté par la cuisinière de Photine, l'atmosphère était pesante. La pensée de Nicandre, enchaîné dans les tours d'Anemas ou peut-être ailleurs, minait nos esprits. Une fois encore, c'est Akylas qui creva l'abcès :

« Père, je te connais suffisamment pour être convaincu que tu as tenté de retrouver Nicandre aujourd'hui. »

- Imagine, janissaire, que pour la première fois, je n'osai répondre à mon fils ! Il me semblait qu'il me prenait en défaut, en flagrant délit de faiblesse ! Et pourtant, c'était méconnaître Akylas qui approcha sa main de la mienne et ajouta :

« Père, je comprends parfaitement votre attachement à ce gamin et quand bien même ne lui pardonnerai-je jamais d'avoir souillé notre nom, j'ai tout de même obtenu quelques renseignement qui pourront t'être utiles.

- Parle, Akylas, lui dis-je. Qu'as-tu appris ?

- Nicandre se trouve bien à Anemas, Père, c'est le frère d'un ami intime qui me l'a confié, un chef de la police des rues. »

Devant mon effroi, Akylas soupira.

« Père, selon lui, les chefs des gardiens y sont incorruptibles ou presque car ils risquent d'être sévèrement punis ou même le renvoi lorsqu'ils se laissent acheter, acceptant par exemple que les prisonniers se promènent sans chaînes ou leur donnant ne serait-ce qu'un petit médicament pour calmer leurs plaies. Par contre, il est notoire, m'a-t-il dit, que malgré leur dureté à l'égard des pauvres, les gardiens de faction à la porte de la prison peuvent te laisser approcher Nicandre. Il existe cependant quelques conditions : tu dois, auparavant les combler d'argent, de vivres ou de cadeaux. Il te faut également prévoir qu'ils seront chaque jour plus exigeants et t'en réclameront davantage. Parfois, Père, ils envoient même les prisonniers les moins dangereux mendier en ville et ensuite, ils s'emparent de leurs gains ! Si les misérables ne le font pas, ces brigands ont tôt fait de les reléguer dans les geôles les plus obscures de la tour d'où ils ne les sortiront jamais…

- En es-tu certain ? murmura Photine. Je croyais que la loi exigeait bonté et humanité envers les prisonniers et punissait sévèrement les gardiens cruels ou corrompus… N'est-ce donc pas ce qu'affirme notre empereur ? Nos Saintes Ecritures disent aussi que…

Akylas l'interrompit.

- Oui, en théorie, Mère, l'empereur et l'Eglise sont contre, mais dans la réalité, combien de condamnés préfèrent-ils se suicider plutôt que de passer un jour de plus aux mains de ces tortionnaires ? Il est bien naturel également que tous cherchent à s'enfuir malgré les sanctions dont on les menace. Que risquent-ils, la mort ? C'est une délivrance. Et quand bien même les gardiens seraient alors punis à leur tour du fouet ou de révocation, la joie de ces malheureux en serait d'autant plus grande !

- Akylas, la prison, dit le poète, révèle les vrais amis el les bons parents, l'interrompit à nouveau Photine, même les préceptes de charité des Evangiles nous incitent à renoncer à nos bijoux et à visiter les prisonniers, ou à leur faire parvenir vêtements ou nourriture...

- Certes, Mère, tu as raison. Ici, la vie des prisonniers est abominable, elle n'est qu'un long martyre. Quoi qu'il ait commis, l'Homme n'a pas été créé pour porter des liens et être exécuté.

S'il est vertueux ou tout au moins sensé, il est assurément né pour être libre. S'il est immoral, pervers ou scélérat, il a toutefois le droit d'entrevoir la lumière du jour. »

XIII

LA DAMNATION

Quand Leftéris remua ces souvenirs, ses tempes se mouillèrent de sueur et quelque chose tambourina dans sa poitrine et lui fit mal ; il avait peine à respirer.

Dans sa jeunesse, au début de ses études, il y avait d'ailleurs bien longtemps de cela, une question l'avait préoccupé entre toutes et lancinante et obsédante comme à cet instant, elle n'avait plus jamais quitté son esprit : l'Homme pouvait-il véritablement être libre ? Etaient-ce les chaînes qui l'entravaient ou bien son absence de volonté ?

Son pouls s'accéléra.

« Pour être libre, l'espèce humaine doit certainement disposer d'une détermination à toute épreuve qui lui permet d'effectuer des choix et prendre des décisions, renonçant quand il le faut à ses faiblesses naturelles ou à ses incertitudes. Mais possède-t-elle cette force et cette persévérance ? »

Il hésita :

« Admettons-le... Met-elle alors toujours en œuvre sa ténacité tandis qu'elle se laisse si facilement gouverner par ses passions, ses désirs et ses peurs ? »

Perdu dans d'innombrables raisonnements, il désespérait.

« Notre sentiment de liberté est-il réaliste finalement ou nous berçons-nous d'illusions face à un rassurant mirage ? Les chaînes, les murs, les tours et ces cris... Anemas... Le fils de cette femme serait exécuté, bien-sûr, il ne connaîtrait plus la liberté et elle pleurerait encore, longtemps, toujours... Pour être libre, que manquait-il à Nicandre ? Devait-il acquérir son indépendance comme le définit le terme même de liberté ou bien lui fallait-il avoir un jour la capacité de se dicter à lui-même ses propres lois, être autonome ? Pouvait-il être libre ou était-il si fragile qu'il recherchait, comme la plupart d'entre nous l'assujettissement à des êtres, des convictions ou des idéologies ? »

Si plus jeune, Leftéris ne s'était pas senti capable de résoudre ce problème, aujourd'hui cette question qui le touchait personnellement le tourmentait d'autant plus vivement. Une fois encore, il se trouvait seul en face de cette incertitude, en tête à tête avec elle qui le meurtrissait.

Le janissaire le regarda interrogativement mais Leftéris évita ses yeux. Il promena un rapide regard autour de lui et porta machinalement la main à son front.

De nouveau, un doute intense, presque insupportable, s'empara momentanément de lui. Ses pensées tournaient maintenant autour d'un seul point dont il s'avouait lui-même toute l'importance : « et si finalement était-ce la fatalité, le Destin auquel rien ni personne n'échappe qui avait choisi l'histoire de cet enfant ? »

Pendant plus d'une heure, il se résigna à se taire.

« Kurban, Nicandre, la prison, Constantinople, l'assaut, et maintenant ce mutisme du janissaire, ce calme dans la Ville, cette froideur dans la cave… Le silence est sage, le silence est timide, le silence est fier parfois. Et puis, quand plus rien ne bouge et que les cœurs se figent, il existe ce silence malin, cruel, insolent et brutal du temps qui s'échappe, de la mort qui se faufile et dispense malheur et solitude. »

- Ah ! Le diable emporte tout cela ! cria-t-il soudain dans un accès de violente colère. Je me moque pas mal de sa liberté et de son destin, aujourd'hui ! Que tout cela est ridicule, Seigneur, qu'importe, il est trop tard, tout est fini désormais !

Mais, d'un seul coup, il s'interrompit. Une nouvelle interrogation venait de traverser son esprit et le stupéfiait : « Si tu es cet homme intelligent que tu prétends être, comment as-tu osé baisser les bras face au Destin et le laisser te vaincre ? »

Le janissaire toussota et cracha une croute de sang. Interrompu dans ses pensées tumultueuses, Leftéris se résolut à faire quelques pas et à l'examiner.

- Tu vas beaucoup mieux, tes gencives commencent à désenfler et ce qu'il te reste de langue s'éclaircit. Après tout, je crois que ce morceau te suffira pour t'exprimer un jour et pourra peut-être même te servir à justifier tes trois jours d'absence auprès de Mehmet. Tu pourras toujours lui faire croire que tu as risqué ta vie en faisant couler le sang des chrétiens, il te complimentera...

Malgré son ironie, une expression amère s'esquissa sur son visage.

- Pourquoi ai-je fait tout cela, soldat, pourquoi ai-je trop souvent perdu ce temps, délaissant Akylas et Photine au profit de Nicandre ? Nous naissons libres et tout au long de notre vie, nous nous appliquons à nous enchaîner tout en prétendant rechercher cette liberté que nous repoussons scrupuleusement ou que nous assassinons. Suis-je donc si sot ? Qu'en penses-tu, toi ?

Le janissaire expira bruyamment. Leftéris comprit que dans sa nervosité, il s'égarait. Sans langue ni même subtilité, cet individu n'était évidemment pas celui qui pourrait répondre à ses hypothèses ou bien l'aider à élucider les énigmes qui s'entremêlaient dans son esprit.

Un épouvantable fracas se fit entendre à l'extérieur et résonna dans toute la maison comme si le feu du ciel avait anéanti le monde. Revenant irrémédiablement à la réalité, Leftéris tressaillit et s'approcha de la petite porte qu'il entrouvrit prudemment. Les nuages, du gris de plomb de l'orage, frissonnaient d'un seul coup et la terre, comme assommée par le battant d'une gigantesque cloche de bronze, semblait en vibrer jusque dans ses entrailles.

- La Ville est morte, fit-il, nous voilà en enfer !

Ébahi, un moment irrésolu avant de refermer la porte, il regarda avec précaution derrière lui, comme s'il se fût presque attendu à être épouvanté par la vue du janissaire.

- Etait-ce le tonnerre, soldat, ou sont-ce là encore les ravages de ces fils de bâtards du Prophète ? Je vais poser ton sabre devant moi et si par le plus fâcheux des hasards ils osent approcher, ils sont faits comme des rats, je n'en raterai pas un.

La haine soudaine, sans du tout dissiper ses craintes, l'avait du moins sorti des pensées obsédantes qui le harcelaient. Une seconde d'accalmie entre deux bouffées hargneuses lui permit de repousser le tonneau devant la porte. Ce fut vers l'escalier obscur qui montait à l'étage que le regard de Leftéris se porta enfin.

- Qu'ils n'essaient pas non plus de monter, les traîtres… Il leur faudra passer sur mon corps s'ils…

Une nouvelle détonation le fit taire. Il ramassa le sabre et les yeux hagards, passa le pouce sur le fil de la lame.

- Soldat, si tu me donnes cette arme et que je sors vivant de cette affaire, ce sera finalement un peu grâce à ta présence. Si tu le veux bien, je la garderai en souvenir de toi.

Le janissaire hocha la tête mais Leftéris ne lui porta aucune attention.

- Quoi qu'il en soit, tu n'en auras plus besoin. D'ici quelques heures, tes condisciples vont parader dans les rues et ton Mehmet n'en sera plus à compter le matériel manquant.

Leftéris soupira. À nouveau, la pitoyable image de Nicandre le suppliant de le libérer apparut à son esprit et sembla le torturer.

- Ah janissaire, ce gamin… Laisse-moi terminer son histoire pour combler ces heures infinies, sinon je vais plonger dans la plus profonde des démences, comprends-tu ? C'est de sa faute, c'est lui qui m'a rendu malade, son ingratitude et sa stupidité m'ont touché en plein cœur ! Qui aurait cru que ce petit bonhomme aux grands yeux noirs eût pu oser…

Il frappa le mur d'un fort coup de botte et très irrité, il continua :
- Quelques jours plus tard, bien décidé à l'y apercevoir, je me rendis une fois encore aux portes d'Anemas. Connaissant bien la corruption dans notre Ville, tu te doutes bien qu'une piécette d'argent suffit à ce que le gardien me les entrouvrît et me laissât entrevoir les prisonniers. Les hommes étaient là, sales et puants, amoncelés comme ces moutons qui attendent leur égorgement une veille de Pâques. Enchaînés, seuls ou par deux dans la cour boueuse, dans ce lieu de croupissement et de fermentation, ils geignaient, criaient ou pleuraient.
Dans cette cour, janissaire, chaque pierre porte une plaque de fer, chaque plaque un anneau, chaque anneau une lourde chaîne qui laisse dans les chairs l'empreinte de ses dents.

Lorsqu'un cri que je ne peux comparer qu'au hurlement effrayant et lugubre d'un loup retentit dans le ventre putréfié d'une geôle, des centaines de visages se tournèrent vers le ciel. Un homme venait d'être supplicié et exécuté.

Et puis soudain, dans ces ténébreux tréfonds de l'enfer, dans la torpeur et le désespoir, dans cette vallée de perdition où fusent les injures et les coups des gardiens, je vis les yeux d'un fou. Le regard fixe, celui du malheur et de l'infinie souffrance, le corps châtié, l'enfance brisée. Nicandre, fers aux pieds et aux mains ne s'aperçut point de ma présence.

« Tu es le père du quel ? me lança le cerbère.

- De Nicandre, celui qui est dans l'angle là-bas… Il a été arrêté il y a une semaine environ, répondis-je.

- Ah, tu es le père de ce Turc, toi, de ce chapardeur ? Je le connais oui… Quelques années ici lui feront le plus grand bien et si ce rebelle supporte tous les sévices qui lui sont imposés, il passera un jour devant les tribunaux.

- Dis-moi, garde, le cheminement qui mène à la peine définitive sera-t-il long ?

- C'est à toi de voir, bonhomme, tout peut s'arranger ou se convertir dans la vie, surtout quand le délit est relativement mineur ! Nos juges ont mieux à faire que de perdre leur temps avec ces fripouilles débutantes… »

Et ce cruel tortionnaire, assoiffé d'argent et de sang, me poussa à l'extérieur et claqua la lourde porte derrière moi.

Ainsi, vois-tu janissaire, on incarcère des hommes dans nos prisons pestilentielles, on les mutile afin de calmer les ardeurs des caractères les plus rétifs et un jour, si leur mort ne vient bouleverser le calendrier, on les enferme pour les supplicier, cette fois-ci avec la bénédiction des magistrats. À moins d'être issus de familles riches ou puissantes, ces misérables aux membres noueux, au dos courbé et au regard désolant y périront tous de soif, de faim, de froid ou de mauvais traitements…

Le soldat, dont le visage boursouflé paraissait égaré d'anxiété, jeta un coup d'œil à Leftéris qui poursuivit :

- Je partis aussitôt vers le Palais dans le secret espoir d'y rencontrer le trésorier de l'Empereur avec lequel j'avais maintes fois palabré au sujet du coût de la réfection de nos murailles. Nous n'étions jamais d'accord quant aux projets et à leurs financements, néanmoins nos relations demeuraient cordiales et bienveillantes. Quand il me vit arriver, il jaillit de son fauteuil en s'esclaffant :

« Leftéris, je te préviens, les temps sont durs, je n'ai pas un sou supplémentaire à donner à tes hommes !

- Mais non, Andronique, l'interrompis-je. Je viens faire un don en faveur d'un prisonnier.

- Bien, il s'agit de tes largesses annuelles, je présume !

- Non, aujourd'hui c'est un présent au profit d'un condamné en particulier. Je te parle d'un jeune garçon d'une quinzaine d'années qui survit comme il le peut derrière les murs d'Anemas. Prends-ces pièces d'or et fais-le libérer sur le champ, je te prie, il est en grand danger de mort.

- Quel est son nom ? enchaîna-t-il.

- Les uns l'appellent Kurban, d'autres Nicandre. C'est un Turc, tu le reconnaîtras facilement à son visage basané, c'est en outre un des plus jeunes parmi les reclus.

- Est-ce un tueur ? continua le trésorier. Si c'est le cas, ne perdons pas notre temps et donnons l'ordre d'une exécution immédiate, il ne mérite pas même d'être jugé !

- Non, d'après ce que j'ai entendu dire, c'est un minable voleur, un bien piètre vaurien. Il me fait peine ce gamin…

- Tu es un bon chrétien, Leftéris, je te félicite de participer à l'entretien de nos prisonniers. Je transmets aussitôt tes revendications. Sois sûr que d'ici trois jours, il circulera librement dans les rues. »

Une expression d'amertume se lisait sur les lèvres de Leftéris tandis que le soldat, interloqué, écarquillait les yeux.

- Voilà, janissaire, c'est ainsi que Nicandre sortit de prison sans jamais apprendre comment, puis revint à la maison. Aimable et serviable pendant quelques semaines à peine, il profita vite de mes absences, de la ferveur qu'Akylas vouait à ses études et de l'indulgence de Photine pour s'éclipser à nouveau et fréquenter toujours plus assidûment quelques herboristes, marchands de parfums ou négociants ottomans. C'est avec eux qu'il découvrit avec émerveillement toutes les senteurs de l'Orient, les drogues aromatiques, les effluves mystérieuses et les parfums grisants. Un jour, cet imbécile s'en revint après avoir ingurgité de l'opium… Alors certes, je n'ignore pas que les Turcs n'hésitent pas à en donner à leurs chevaux afin de les stimuler avant leur vente ou pour les faire courir plus rapidement mais Nicandre en avait absorbé une telle dose que l'esprit fort troublé, victime de somnolence, d'une diminution des réflexes et le souffle court, s'écroula devant la porte avant même qu'il l'eût franchie. Les effets de la drogue furent si puissants qu'il ne réagit pas même à la sévère correction que lui infligea Akylas...

Leftéris, retrouvant le sourire, se hissa sur le tonneau et d'un coup de sabre, tailla une longue et fine tranche dans le jambonneau et la porta à sa bouche avec délectation.

- Sais-tu ce qu'il lui fit ? Inspiré par le mythe de Tantale, il l'enferma dans cette cave et le bâillonna ici même sous les cuisses de cochons qui pendaient aux poutres, face tournée vers les fromages empilés sur ces étagères ! « Ce serait, croyait-il, un châtiment thérapeutique qui viendrait peut-être à bout de sa perpétuelle tentation par la nourriture et les sottises… »

Que dire, janissaire, à dix-neuf ans, toujours plus réfléchi et vertueux, Akylas ne supportait plus, désormais, le moindre écart de son jeune frère. Il comprit bien avant moi que la loi des hommes est défaillante… Alors, il me persuada que dans la nature, la punition du loup règle tous les comptes des brebis écervelées qui sortent du rang et c'en est fini, ensuite, de tous désagréments.

« Père, il n'y a de droit que lorsqu'il existe un règlement qui interdit de faire le mal sous peine de représailles » répétait-il. Quant à moi, je m'interrogeais : « existait-il, somme toute, une punition pire pour lui que celle de s'être, une fois encore, mal conduit ? Comprendrait-il enfin que son acte était grave, qu'en Égypte, par exemple, pour ce genre de dépravation, on lui aurait arraché les dents et une fois de plus on l'aurait jeté en prison ? »

Cette sanction, somme toute peu sévère, lui avait été imposée par Akylas dans le but qu'il s'améliorât, dans l'espoir qu'il reconnût enfin ses erreurs et se corrigeât. La pénitence n'était point proportionnelle à sa lourde faute mais bien adaptée à ce piteux petit gredin. Hélas, craignais-je, à coup sûr ce séjour dans la cave ferait davantage réfléchir le justicier qui regretterait sa décision que le coupable qui n'attendait certainement qu'une opportunité pour défaire ses liens qu'Akylas n'avait pas serrés et se justifier sans délai…

J'ai oublié de te préciser qu'il avait rencontré Hanife le jour même chez un marchand de poudres étranges. Celle-ci lui avait d'ailleurs affirmé qu'en moi se dissimulait le plus immonde des démons !

Le janissaire tressaillit et baissa les yeux.

- Oui, soldat, tu as bien entendu. Puisque je n'avais pas accepté de lui donner de l'argent, elle saisit l'opportunité de ces retrouvailles fortuites pour lui raconter la chose suivante :

« Mon fils, alors que tu étais un tout petit bébé, ce Leftéris, ce type odieux n'a pas hésité à te ravir subrepticement à ton grand-père déjà sénile et bien trop fragile pour se défendre, tandis qu'il te promenait dans les champs. Oui Kurban, toi, la chair de ma chair, le sang de mes entrailles, la fierté de ma vie, mon Fils parmi mes fils, il t'a volé à ta famille, t'a arraché des bras d'une mère aimante et protectrice ! Que pouvais-je faire, moi, pauvre domestique dépourvue de pouvoir ? Tu sais bien que depuis mon plus jeune âge, je m'éreinte au travail. Comment veux-tu que je compte sur ton père… Sais-tu qu'ils l'ont jeté en prison, lui ? Ce bon a rien ne mérite rien d'autre, me diras-tu… Enfin, tu as bien compris que je t'aime plus que tout, n'est-ce pas ? Mais tu te doutes aussi que je n'ai jamais pu poursuivre ce Leftéris devant les tribunaux. Tu penses, ce chien est un Constantinopolitain bien trop puissant. Nous les Turcs ne pouvons rien contre eux… Venge-toi et venge-moi, mon fils ! Punis-le, au nom d'Allah ! »

★

XIV

LA FATALITÉ

- Le ventre d'une citerne humide, le ventre d'une prison glauque…

Malgré tous nos bons soins, les jeux, les rires et les disputes fraternelles qui scandent la vie de toutes les familles, Nicandre ne cessa jamais de rechercher ces entrailles maternelles qui l'avaient abandonné, ce havre qui nourrit et protège le nourrisson sans qu'il n'ait à se soucier de ce que lui réserve l'avenir.

Plus il grandissait, plus il aimait à jouer de sa situation, s'appliquant toujours à justifier ses actes fielleux plutôt que de se corriger. Somme toute, rappelait-il à l'envi à celui qui voulait l'entendre, n'était-il qu'un pauvre enfant abandonné par une mère coupable puis recueilli ensuite par une famille intolérante, obsédée par la droiture, qui malmenait continuellement son inclination naturelle à la paresse et à la malfaisance.

Soldat, la vérité est que ce gamin n'eut jamais le désir de s'épuiser comme Akylas afin de devenir brillant, ni dans les études, ni au travail. Il lui était beaucoup plus facile de se faire remarquer et de devenir un personnage original sans du tout se fatiguer. Puisque ses parents adoptifs étaient si fiers de leur aîné, il se damnerait lui aussi pour devenir un individu unique. C'est ainsi, janissaire, que mes deux fils, cherchant chacun à sa manière à se transformer en être d'exception, furent effectivement tous deux des archétypes, l'un de persévérance et de sérieux, l'autre de mollesse et de couardise.

Aussi, les semaines s'égrenèrent au rythme de ses vols, de ses agressions ou de ses affrontements avec les forces de l'ordre ;

113

plus une ne passa sans que je dusse l'excuser auprès de ses victimes, payer pour ses dégâts, supplier et soudoyer ses juges. Nicandre avait définitivement choisi son camp et comme ses frères, son père et sa mère, il s'enlisa dans la rapine...

Leftéris s'interrompit et lança un regard assassin au janissaire.

- Vous, les Turcs, êtes plus performants dans l'exercice du chantage, de la truanderie ou du maniement du sabre que dans l'art de la loyauté et du sens de l'honneur, non ? Il est d'ailleurs aisé de constater, en observant vos calligraphies ou les lames de vos couteaux, que vous préférez les courbes aux lignes droites, les arabesques à la ligne d'horizon, n'est-ce pas ? Ne le nie pas, soldat, ainsi était Nicandre, tordu, fourbe et trompeur ! Mais, vois-tu, la vie a une logique et le Destin - qui sait, peut-être témoin de mon délabrement moral - s'apitoya enfin sur mon sort et ne tarda pas à le punir.

Leftéris se mit à ricaner, puis comme à son habitude, se laissa aller au sarcasme :

- J'espère, janissaire, que tu n'ignores pas que c'est votre sultan Orhan qui créa au siècle dernier ce corps d'armée dont tu fais partie, cette calamité que sont les janissaires ! Son fils Mourad, père de ton grand Mehmet, constitua ensuite une armée d'esclaves qui n'aurait d'autres liens en ce monde que ceux qui les rattacheraient à sa propre personne ; ainsi pourrait-il entièrement compter sur eux tant dans les conflits avec ses voisins musulmans que pour renforcer le pouvoir central face à ceux qui guerroyaient aux alentours des territoires ottomans. Bien-sûr, ces jeunes gens avaient l'obligation de rester célibataires, de passer une vie entière à se soumettre aux humeurs belliqueuses du sultan ou, lorsqu'ils n'étaient en danger sur le front, de demeurer enfermés au fond de leurs casernes. Assez rapidement, Mourad compléta cette formation par l'incorporation d'enfants étrangers de Gallipoli, Andrinople ou même d'ici, de Constantinople qu'il chargea, afin de les endurcir, des pires travaux de force, avant de les admettre finalement dans le corps des janissaires. À côté de l'enrégimentement de ces jeunes captifs, dont la quantité dépendait évidemment du sort de la guerre, il mit aussi au point un autre système de recrutement encore plus lamentable, le *devchirmé* - comme ils disent dans ta langue - ou récolte, consistant à enlever d'autorité dans les villages des provinces de l'Empire, à intervalles plus ou moins réguliers en fonction des besoins, un contingent d'enfants et d'adolescents chrétiens aptes au service. Mais soyons honnêtes et notons, malgré tout, que la plupart des citadins, les garçons mariés ou les fils uniques ne pouvaient pas, en principe, être emmenés.

Ecœuré, Leftéris en devenait presque cynique.

- Évidemment, si tu avais une langue et que tu pouvais parler, tu me répondrais aussitôt que si la séparation est sans nul doute cruelle, elle signifie cependant pour l'enfant la possibilité d'une belle carrière, tu en es la preuve vivante ! Certes, je sais que les recrues, examinées dans les villages et mobilisées par les autorités puis emmenées, suivent une formation adéquate : assignation pour les plus doués aux corps de pages du Palais, pour les autres, « turquisation », islamisation, séjour en Anatolie ou en Roumélie où ils travaillent aux champs avant leur incorporation définitive.

Mais soldat, comprends-tu que ce *devchirmé* a profondément inquiété la hiérarchie chrétienne orthodoxe, pas tant quant à l'enlèvement de ces pauvres gamins, mais essentiellement puisqu'il implique une conversion à l'Islam ?

D'accord, vous, les Ottomans avez toujours réponse à tout ! Il ne s'agit en rien d'une conversion forcée, n'est-ce pas ? Les pressions morales sont justifiées puisque votre prophète Mahomet a dit que « tous les hommes naissent avec les graines de l'Islam dans leur cœur ! » Donc janissaire, dois-je rajouter que ceux qui contraignent les jeunes recrues au *devchirmé* estiment, de surcroît, avoir sauvé leur âme de l'enfer ? Même les chrétiens…

Leftéris se leva et en vérité fort nerveux, arpenta trois ou quatre fois la cave sans prononcer un mot.

- Voilà, finit-il par susurrer, si mon fils cet imbécile avait suivi consciencieusement les enseignements de ses maître plutôt que de se battre dans les rues et devenir un voyou, il n'aurait pas été recruté par les janissaires qui recherchaient essentiellement des garçons en bonne santé physique mais sans éducation, de préférence âgés de huit à vingt ans et habituellement, issus de familles paysannes des campagnes.

Ses lèvres se figèrent. Il fronça les sourcils.

- Il est vrai, en outre, qu'une fois l'étrangeté choquante du *devchirmé* passée, beaucoup de familles chrétiennes proposèrent leurs enfants pour ce qui semblait être une bonne carrière. J'ai même entendu dire que des parents auraient offert des pots-de-vin aux autorités ottomanes afin que leurs enfants fussent acceptés au sein de ces troupes de meurtriers !

Leftéris toisa le janissaire d'un regard empli de dureté et presque violemment, il ajouta :

- Je ne suis en rien responsable, soldat, si l'évêque, chargé de rassembler les enfants mâles avec leur certificat de baptême, se rendit un jour chez nous, une liste à la main, pour nous prendre Nicandre.

« Rendons ce larron à ses frères de religion, donnons-le en pâture aux janissaires, il ne mérite rien d'autre ! » trancha cet homme de foi.

Devant mon désarroi, il poursuivit :

« Ne me regarde pas ainsi, Leftéris, ce n'est pas un conseil que je te donne, mais un ordre ! Ils vérifieront si la folie ou le malin l'habitent puis ils verront bien ce qu'ils feront de lui. Un jour, tu me remercieras de t'avoir libéré de ce poids… »

Sans même me laisser le temps de réagir, il saisit le gamin par la main et d'autorité, l'entraîna vers un champ non loin de la maison où étaient déjà réunis plusieurs centaines de jeunes chrétiens. Nicandre ne se retourna pas. Il le suivit d'un pas décidé, comme si finalement il attendait ce moment ou bien le pressentait. Effaré et tremblant, je hurlai à ma femme demeurée à l'étage avec Akylas :

« Photine, ils ont enlevé Nicandre !

- Qui ? Que dis-tu, Leftéris, s'époumona-t-elle en descendant l'escalier quatre à quatre.

- Les janissaires, femme, c'est le clergé qui s'est chargé des listes des canailles à leur transmettre ! »

Photine tomba à genoux, en larmes. Je m'empressai de la relever pour la consoler et lui murmurai :

« Je cours au champ, je veux des explications. Je ferai tout pour le ramener, Photine, je te le promets ! »

Lorsque j'arrivai sur ce terrain, essoufflé et fou de colère, j'aperçus un officier de haut rang qui, aidé de son secrétaire et de plusieurs « gardiens de bestiaux » se trouvait fort affairé à distribuer des uniformes aux enfants. En vérité, je compris en observant les mouvements de foule que deux listes avaient été établies : à gauche, les plus intelligents deviendraient serviteurs du sultan ou seraient envoyés dans les écoles de ses palais, à Bursa, Andrinople, Galata ou même ici. Si les plus chanceux étaient sans doute destinés à de hautes fonctions, il leur faudrait d'abord étudier pendant deux à sept années dans une discipline sévère que le chef eunuque leur imposerait.

Leftéris soupira et continua :

- Je me permets de te l'expliquer, soldat, puisque toi, tu ne fais sûrement pas partie de cette catégorie ! Lors de ton recrutement, tu étais forcément dans la ligne de droite, non ? Alors sache qu'eux apprennent d'abord l'Islam et des professeurs leur donnent une culture générale. La dominante de leurs études dépend de ce qui leur convient le mieux, elle peut être religieuse, administrative ou encore militaire. Certains apprennent la littérature arabe, perse et turque, l'équitation, le lancer de javelot, le tir à l'arc, la lutte, l'haltérophilie et la musique pour les plus doués. Ils leur enseignent également, paraît-il, l'honnêteté, la loyauté, les bonnes manières et le contrôle de soi. Voilà, en dehors de ton uniforme et de ta présence ici, ce qui me fait dire que tu n'as pas été choisi parmi eux !

Sais-tu que leurs officiers, convaincus d'être de grands physionomistes, affirment que la condition morale peut se juger sur l'apparence extérieure ? Avec de tels préjugés, Nicandre et toi ne pouviez finir que dans le rang de droite où, en comparaison avec cette instruction quasi-chevaleresque, vous ne recevriez qu'une éducation totalement militaire avec une implacable soumission à l'obéissance !

Bien-sûr, soldat, me sentais-je partagé, indécis. Comment ne pas admettre que son incorporation dans le rang des Janissaires serait la seule manière de lui enseigner ces valeurs que ni le capitaine, ni moi, ni personne n'avait pu lui inculquer ? Avaient-ils, néanmoins, le droit de nous voler notre fils et d'en faire un musulman sans notre accord, par la simple signature d'un évêque, celui-là même qui s'était réjoui lors de son baptême et l'avait accepté dans sa Bibliothèque ? Évidemment, Nicandre s'y était fort mal comporté, mais était-ce si grave que cela offrait à ce prélat un droit de regard sur l'avenir affectif de cet enfant sans même s'intéresser à notre opinion ? Aurais-je, face à cette décision, le pouvoir de m'opposer à son incorporation ?

Lorsque je m'approchai d'un des cavaliers afin de m'enquérir de son sort, Nicandre sortit du rang et vint me rejoindre. Je n'eus qu'une seconde pour apercevoir les larmes qui coulaient sur ses joues.

« Père, cria-t-il, je promets que je deviendrai un bon garçon, je ferai ce que... »

Mais un officier, lui assenant un coup de bâton sur l'épaule, ne le laissa pas terminer sa phrase :

« Dans le rang ou bien je m'occupe personnellement de ton sort ! » vociféra-t-il.

Pour la première fois, Nicandre me parut terrifié. Il baissait les armes, se soumettait, semblait comprendre que la vie ne lui donnait plus la possibilité de choisir, encore moins celle de tyranniser ses semblables.

« Nicandre est mon fils, dis-je au cavalier, vous n'avez pas le droit de le traiter ainsi ! »

Avec un sourire narquois, celui-ci me répondit :

« Ce n'est plus ton fils, il est à nous et tu n'as rien à dire ! Rien ni personne ne peut s'opposer aux désirs du sultan ni à ceux de de ton Eglise qui voit en lui un pécheur à punir. De toute façon, il est Turc, non ? Il est logique qu'il nous revienne, il est à nouveau des nôtres, dorénavant ! Au début, nous l'enverrons dans les champs, comme les autres. Nous le prêterons à des familles ottomanes où il apprendra la langue turque et le fouet. Puis, il vivra dans un corps d'entraînement afin de s'initier pendant de longues années aux compétences militaires fondamentales et à la foi islamique. Si un jour il se calme, il pourra être promu jardinier d'un pacha ; sinon nous en ferons un simple janissaire. »

Face à ma mine déconfite, l'officier éclata de rire et rajouta :

« Nous le séparerons de toute compagnie féminine et lui apprendrons les mathématiques élémentaires avant de l'envoyer au combat. Si par le plus grand des hasards il survivait lors des batailles, il lui faudrait nous dire combien de Grecs a-t-il tués, n'est-ce pas ? Je ne m'inquiète pas, dès ce soir, il me baisera la main et comme tous les officiers, il m'appellera *Yolda*, « compagnon de route. » Nous en avons dressé près de huit-mille, ce n'est pas lui qui m'impressionnera ! »

Je fulminais et crachai trois fois à ses pieds.

- Si tu te crois capable, toi l'officier, de remplacer l'amour de leurs familles et de leur patrie par le fanatisme religieux, la soumission absolue, la soif de pillages et la convoitise des beaux garçons, alors emmène mon fils et nos enfants. Il n'existe, pour moi, aucune noble cause derrière vos succès militaires !

- Quand tu nous verras en action, tu seras beaucoup plus objectif, Grec. Le succès des troupes ottomanes est dû à une stricte discipline et une intendance excellente, tout ce qui vous manque !

- Et les armes, lourdaud ? Tu imagines vraiment Nicandre avec une arme à la main ? Tu mets tes propres janissaires en danger, je t'aurai prévenu !

- Ce n'est pas le premier chrétien incompétent que nous recrutons… Il apprendra comme les autres le tir à l'arc et au mousquet. Au début, ses cibles seront de vieux chapeaux de feutre placés sur des bâtons ou des pots de terre posés au sol ou sur des murs, pas des Grecs ! Un jour, je te le dis, il saura tirer d'une grande distance et tenir son arme d'une seule main ! Il s'entraînera à la précision et à la rapidité, au clair de lune. Tu verras bien finalement ce que vous feront mes hommes… »

Leftéris fixa le soldat d'un regard méprisant.

- Pas assez puissant pour griffonner les pages de sa propre histoire, Nicandre devait subir celles que le Destin avait décidé de lui imposer au moment où il ne l'attendait pas. Il deviendrait un fantassin et ferait, comme ses compagnons, la fortune du sultan qui garderait sur eux droit de vie et de mort.

Au paroxysme de l'exaspération, il donna un vigoureux coup de pied dans un tonneau.

- Vois-tu, soldat, il semblait donc écrit que malgré son adoption, il retomberait ainsi dans les griffes des Ottomans, se soumettrait à la volonté de sa mère ou à la menace des janissaires. Notre acharnement à l'en sauver était vain depuis le début.

Lui plairait-il au moins de relever le défi que lui lançait sa triste vie, était-il effectivement un appelé du mal pour se satisfaire de crimes et de victoires guerrières, de sang et d'ingratitude ?

La seule évidence était qu'il ne pouvait plus échapper à l'inévitable.

XV

L'INSOUMISSION

Pour la troisième fois, la nuit, intraitable complice des Ottomans et de ce janissaire, était tombée sur la Ville. Au loin, quelques voix étouffées vibraient encore parmi les monceaux de corps et au gré du vent, tourbillonnaient, s'amplifiaient puis s'éteignaient à leur tour. Dans les ruelles rougies par le sang, s'écrasaient les dernières gouttes de pluie que le ciel, soucieux d'effacer les stigmates de leurs sévices, offrait encore aux Turcs. Toutefois, les pavés, irrémédiablement hostiles à toute nouvelle intrusion, altéraient leur musique, la rendaient assommante et monotone, semblable à une oraison funèbre.

Le temps qui passe, le temps qui glace…

Ce soir-là, il faisait froid, un froid terrible, un froid extrême et mieux valait mourir. La lune livide à l'horizon, les maisons éventrées, la terre rouge jusqu'aux confins des murailles, tout semblait plongé dans une douleur sans fin et sans raison, dans le malheur d'un peuple anéanti. Au sol, nombre de chrétiens, flancs percés, lèvres crevassées au goût amer et dont les armes semblaient désormais silencieuses, ne se plaignaient plus.

Depuis la reddition de Jérusalem après quatre ans de siège, rien n'avait jamais égalé l'horreur de cet abominable spectacle. Dans le centre de Constantinople, les gens effrayés par les cris des derniers combattants avaient couru hors de leurs maisons et étaient tombés sous la lame des sabres avant même d'apprendre ce qui se passait. D'autres, tachant de se cacher, avaient été massacrés chez eux ou dans les églises où ils cherchaient refuge. Bien qu'il n'y ait plus aucune résistance, les janissaires parcouraient encore les rues, profitant des dernières heures pour voler, violer ou tuer. Hommes, femmes, vieillards et enfants, moines et prêtres, tous étaient désormais captifs. Combien de jeunes vierges furent réveillées par ces brutes frénétiques aux mains sanglantes, aux visages farouches et hideux qui les soumettaient aux plus odieux outrages ? Combien d'hommes vénérables aux joues creusées furent traînés par leurs cheveux blancs pour être battus, combien de jeunes enfants furent arrachés au sein de leur mère et impitoyablement abandonnés ? Combien d'ermites furent insultés et éventrés pour un dieu à qui ils avaient offert leur vie ? Temples profanés. Calices de l'Eucharistie conservés précieusement pour les orgies du sultan. Vêtements de prêtres brodés et sertis de pierres fines et de perles vendus ou jetés au feu pour en extraire l'or. Livres sacrés foulés aux pieds. Et cette odeur… Ces effluves de sang qui enivraient les Ottomans et les rendaient fous.

Etait-ce encore un cauchemar ou bien Leftéris devinait ce qu'il se passait dehors ? Il était pourtant sûr de ne pas s'être assoupi et laissa échapper un petit cri plaintif. L'odieuse et infernale impression ressentie plus tôt lui revenait de plus belle, il tremblait à présent de plus en plus violemment. Peut-être son esprit était-il retourné sur les murailles, à nouveau se battait-il là-bas à corps perdu, ou bien distinguait-il des cadavres gisant sur le sol de la cave ?

Soupçonneux, empli de ténébreuses visions, il se tourna vers le janissaire, le regard accusateur.

- Qui es-tu ? Parle ! Qu'attends-tu de moi, que veux-tu finalement ?

Le janissaire le regarda d'un air interloqué.

- Qu'est-ce qui te prend ? Que fais-tu ici en vérité, parle, je suis certain que tu en es capable ! Tu joues, tu mens, Turc, je le sais…

Leftéris se dirigea vers la porte sans même jeter un coup d'œil au soldat puis se rassit à ses côté et lui saisit brutalement la main.

- Et pourtant ? Tu as des doigts d'artiste, pas de tueur. Alors arrête ton jeu, dis donc quelque chose, ce n'est sûrement pas pour te taire que tu es entré ici !

Mais le janissaire ne répondit pas.

Leftéris balaya la cave de son regard noir. Tout semblait le dévisager d'un air inquiet. Des silhouettes, des lambeaux de corps et du sang mélangés, des voix, des étincelles de feu, un boulet, des cris, tout ce gris, ce rouge qui s'immisçaient subrepticement dans la cave, et cette pluie pestilentielle qui asphyxiait la Ville…

Il se mit en colère.

- J'ignore qui tu es mais je sais pourquoi tu es là, cria-t-il. Sois honnête pour une fois et dis-moi au moins d'où tu viens, tu ne ressembles pas à un Grec, toi, tu dois faire partie de ces Bulgares, de ces Albanais ou de ces Roumains qui ont été enlevés par les Janissaires, non ? Il ne me semble pas que tu puisses venir de Hongrie, encore moins du Caucase, alors dis-moi : qui es-tu ? Veux-tu que je te tue finalement ? Parle enfin !

Leftéris souffla nerveusement.

- Avec ton accoutrement, je croirais presque que tu pourrais être un Agha, rajouta-t-il, mais je t'imagine mal commander des hommes, tu es trop jeune et surtout trop stupide. Tu as du le dérober à un officier encore... Dis-moi au moins une chose : connais-tu Nicandre ?

Le janissaire hocha négativement la tête.

Alors Leftéris ne voulut plus proférer une parole. Deux ou trois heures passèrent sans qu'il se décidât à sortir de son mutisme. Il ne comprenait rien. Pourquoi cet homme allongé au sol l'observait sans bouger ? Pourquoi semblait-il si passionné par le misérable vécu de son fils ? Pourquoi, ses yeux meurtris vides d'une quelconque expression singulière qui eût laissé transparaître ses intentions, semblaient simplement attendre l'aube et la libération ?

Le soldat porta une main à son visage et bailla d'une manière démonstrative.

- J'espère que tu plaisantes, janissaire, je ne te permettrai plus de dormir ni de manger, l'heure approche et de surcroît, tu ne veux pas me dire ce que tu fais ici. Crois bien que je n'ai pas la moindre intention de te rendre plein de vigueur à ton sultan, tu pourrais encore fanfaronner au milieu de ses troupes. Avec eux, tu retrouverais sans doute ta capacité à parler, n'est-ce pas ? Que tu sois entré ici pour nous tuer, je le sais. Il te faut maintenant m'expliquer ce que tu attends et pourquoi te montres-tu parfois bienveillant et presque souriant. Es-tu si bête pour oublier que nous sommes ennemis ou bien t'imagines-tu déjà en noble conquérant asservissant sa proie ?

Leftéris réfléchit un instant et reprit son monologue.

- Quand bien même tu l'aurais connu, tu ne peux avoir été envoyé par Faruk, le père de Nicandre puisqu'il a été emprisonné et à l'heure qu'il est, les janissaires l'ont sans doute déjà exécuté. Sais-tu ce qu'ils font aux traîtres de leurs troupes ? Ils leur coupent la tête, l'enferment dans un sac de toile et la jettent à la mer. Il est bon que tu le saches ! Alors écoute-moi bien, je t'assure que si tu ne m'expliques pas ton comportement, tu le payeras cher. Je te garantis que je ne mourrai pas de leurs mains avant de l'avoir appris.

Ce sujet sembla abattre le janissaire. Il ébaucha même un mouvement à l'endroit de Leftéris mais se retint à temps et tourna son corps vers le mur. Toujours couché sur le dos, il ne quittait pas le Grec des yeux et ne montrait aucune émotion qu'on eût pu discerner sans le connaître parfaitement. Pourtant Leftéris vit que son visage était pâle et exprimait la suspicion, la peur, un tourment hors du commun, comme s'il venait de se voir infliger d'atroces persécutions.

D'une voix plus fatiguée et entrecoupée mais néanmoins offensive, il reprit :

- Tu ne te demandes même pas comment je puis être si bien informé quant à la vie des janissaires alors que je n'ai pas revu mon fils depuis ce fameux jour où il fut emmené ? Huit ans ont passé, soldat, pendant lesquels je n'ai eu ni nouvelle ni visite de sa part. Huit ans ponctués par les pleurs de Photine lors de chacun de ses anniversaires ou de nos grandes fêtes quand fidèlement elle posait une assiette à sa place, à la grande table du salon, espérant sa venue. Et puis l'année dernière, j'ai rencontré par hasard son grand-père, peu de temps avant sa mort…

Une larme coula sur la joue de Leftéris. Ses paroles semblaient produire aussi une certaine impression sur le janissaire qui baissa les yeux. Le silence régna un moment. Enfin, il enchaîna :

- Nous voilà enfin soudés, janissaire, unis par la même tristesse. Tu reconnais que ce vieillard était un brave, n'est-ce pas ? Il souhaitait tant que je misse son petit-fils dans la bonne voie... Hélas, je n'y suis pas parvenu et pire, j'ai donc perdu toute opportunité de retrouver une quelconque trace de lui. La dernière fois que nous avons discuté ensemble, il a pu me raconter les mésaventures de Nicandre puisque ce dernier...

D'un puissant éternuement, le janissaire interrompit Leftéris qui, ne s'y attendant pas, se contenta de regarder son interlocuteur d'un air pensif, presque sidéré. Il reprit :
- Bien que je te haïsse, je te souhaite longue vie, soldat. Il fait si froid ce soir...

Enfin, voilà donc ce que j'appris du vieil homme :

Comme avait prévenu son officier, les jeunes hommes de la promotion de Nicandre durent défiler un à un devant lui et celui-ci les gifla l'un après l'autre et leur tira les oreilles afin qu'ils apprissent sans fléchir l'âpreté de la vie. Bras croisés sur le torse et tête baissée afin de baiser la main du gradé, ils reçurent alors le certificat de l'unité à laquelle ils devaient se soumettre. Devine ce qui y était écrit : « Nous sommes des Croyants. Nous donnerons notre tête pour cette croyance. Notre prophète est Mahomet. De toute éternité nous en sommes enivrés. Nous sommes des papillons dans la lumière divine. Nous sommes dans ce monde une légion toujours en extase devant la grandeur de Dieu... »*
Inutile de te dire, janissaire, que la suite, je l'ai oubliée !

Peu importe. Les jeunes recrues se rendirent ensuite dans leurs casernes ; les plus ordinaires sont de grandes habitations constituées de cuisines, d'un arsenal et de dortoirs. Le soir, après la prière, les garçons obtinrent le droit d'enfiler le *kaftan*, le lourd manteau de guerrier, puis défirent leurs lits. Puisque le chef de chambrée avait frappé le sol de sa canne, qu'ils en aient envie ou non, ils devaient dormir aussitôt, sans bruit. Mais Nicandre, omettant de protéger sa bouche d'un mouchoir, toussa et se fit

---

* Extrait de « Etat militaire ottoman depuis la fondation de l'Empire jusqu'à nos jours », 1820, Bey Ahmed Djevad.

remarquer immédiatement. Qui sait s'il l'avait fait exprès ou s'il était malade ? Quoi qu'il en soit, les réprimandes fusèrent et de nombreux coups de bâton s'abattirent sur la plante de ses pieds nus. Oui, ce fut sa toute première punition au sein des janissaires.

Ces guerriers, donc, sont les hommes les plus tristes de la Turquie car le sultan les maintient hors de la vie quotidienne afin de trouver en eux l'un de ses plus puissants soutiens. Mais, dis-toi aussi que La Ville, avec ses constantes améliorations, peut apporter d'innombrables tentations qui risquent fort de fissurer l'édifice militaire tout entier. Or, les janissaires ne sont pas seulement le symbole de cette armée permanente organisée comme le noyau des forces ottomanes, ils vivent aussi à l'écart de la société, privés de leurs éléments essentiels et dépouillés de leur passé. Bien qu'admirés et respectés comme de pieux héros lors de leurs défilés, ils savent que leur existence n'est qu'éphémère. Afin que leur rôle ne soit pas en contradiction avec les exigences et les conceptions du sultan, des hommes sages s'efforcent de les contrôler et de les maintenir dans la puérilité et la naïveté. Condamné à la vie en commun et à l'obéissance, Nicandre s'efforça pourtant d'échapper à la vigilance des officiers et de trouver des endroits secrets où il pourrait se livrer avec quelques autres janissaires à des réunions d'une toute autre nature. Et voilà que les « petits papillons dans la lumière » commencèrent par se rendre dans les villages voisins afin de se promener parmi les ruines d'anciennes bâtisses et dans leurs souterrains.

Tu me diras que tu l'as certainement fait, toi aussi, et que la gravité de cet acte reste relative. C'est vrai ! Mais grisés par leur capacité à commettre l'interdit sans pour autant être châtiés, ils ne tardèrent pas à s'acheminer vers l'Hippodrome. Tu ne devineras jamais ce qu'ils y firent ! Ces braves gaillards déposèrent quelques cierges sur les bancs de pierre et dirent le *Notre Père*... Nicandre le rebelle avait-il plongé dans le christianisme alors qu'il venait tout juste d'être converti à l'Islam ou bien s'évertuait-il à nager à contre-courant et à provoquer ? Attends la suite, soldat !

Quelque temps plus tard, ils se réunirent autour d'un derviche, membre d'une secte mystique et hérétique, qui leur emplit la tête de subtiles explications trompeuses quant à la révélation divine et décidèrent ensuite qu'il leur serait bien plus salutaire de fréquenter les quelques petites tavernes grecques des quartiers éloignés de Constantinople.

Inutile de te préciser, je pense, qu'ils organisaient ces excursions de nuit, dès que le garde de chambrée s'était endormi à son tour…

Les voilà donc, enrôlés depuis moins de six mois, verre à la main, enivrés par l'alcool et les nouvelles apportées par d'autres clients venus de leur pays natal, jouant aux dés, montrant leur butin composé de toutes ces petites choses dérobées aux cours de leurs diverses expéditions et se pavanant comme des enfants dans de nouveaux atours empruntés aux soubrettes de service. Une telle soirée pouvait-elle se terminer ainsi, soldat ? Non, me diras-tu car un homme est un homme et un janissaire est lui aussi un homme, un surhomme…

Ivres morts, ils s'en allèrent voir les lutteurs, les acrobates et les jongleurs qui donnaient un spectacle sur la place voisine. Puis, ils pénétrèrent dans une auberge afin d'assister à quelque spectacle obscène avec des poupées de chiffon et de paille avant de monter à l'étage pour se livrer à la fornication avec de jeunes garçons. Mais les honnêtes gens de la Ville, pas plus que les autorités o t-tomanes, n'appréciaient guère ces réunions, sources de tant de vices et à l'origine de toutes les émeutes des quartiers malfamés. Bâton à la main, ils brisèrent la porte de l'auberge afin de punir les janissaires. Déferlant de l'étage comme une horde de loups, les comparses se jugeant offensés et se soutenant mutuellement, avaient enfin trouvé un motif de rébellion contre leur vie étriquée et leur conscience désespérée. Oubliant qu'ils avaient pénétré en un lieu où les attendaient lois et représailles, ils se ruèrent sur les pauvres gens, en assommèrent quelques-uns, en blessèrent d'autres. Le meneur du groupe, qui bien évidemment n'était pas mon lâche Nicandre, égorgea le patron.

Les janissaires, disent leurs règles fondamentales, doivent une obéissance absolue aux commandants et aux officiers. Ils ne s'éloigneront jamais de leur caserne, s'abstiendront de boire du vin et ne s'adonneront pas aux jeux de hasard. Ils passeront tout leur temps à s'exercer à l'art de la guerre, certainement pas à celui de la fornication...

Dès que les officiers en furent informés, le grand ami de Nicandre fut donc condamné à la peine de mort tandis que mon fils et ses complices furent, eux, jetés dans les geôles du sultan.

Lorsque le grand-père me raconta ces faits, celui-ci fut bien incapable de me donner des détails concernant son passage en prison. Il lui avait simplement semblé que Nicandre ne souhaitait point s'étendre sur le sujet. Le garnement regrettait-il enfin ses actes ou, plus vraisemblablement, voulait-il dissimuler à son aïeul combien son orgueil avait été atteint ? Nous ne le sûmes jamais. Le voyou lui affirma simplement qu'une fois libéré, malgré son terrible amaigrissement et sa peau bleuie par les coups, les janissaires l'envoyèrent auprès d'une famille turque ou fouet et menaces étaient de mise. L'obligeant à travailler d'interminables heures dans les champs et les forêts, rompant son esprit à la plus sévère des disciplines et son corps aux plus pénibles des travaux, aux veilles et aux jeûnes imposés, son maître tenta à son tour de lui enseigner le respect, le silence et l'humilité. Un jour, il parviendrait à faire de ce bon à rien un bucheron du sultan. Lui aussi apprendrait à défiler avec les autres, en marchant à la queue leu-leu et en tenant le soldat le précédant par le pan de son vêtement.

Leftéris laissa échapper un petit rire.

- Comme les éléphants avec leurs trompes ! Ton sultan doit se prendre pour Hannibal le Carthaginois. Dieu sait où il vous mènera, lui, lorsqu'il en aura terminé avec nous...

Hélas, te disais-je, de toute façon Nicandre ne pourrait jamais devenir un véritable janissaire puisqu'il n'avait ni affection particulière pour les dangers personnels que pouvait entraîner une guerre, ni initiative en matière d'offensive sauf quand il tombait sur plus faible que lui. Je ne parle même pas de son indiscipline innée et de son incapacité à accepter les interdictions concernant les divertissements, la boisson et les jurons. Tout lui pesait et même le maniement de la hache lui était quasi impossible.

« Les troncs sont trop durs », hurlait-il à chaque fois que le fouet lui lacérait le dos.

Que dire ? Il ne pourrait pas même devenir jardinier ou bucheron, ni dresseur de chien ou fauconnier.

Son maître renonça aussi et le renvoya à la caserne. A nouveau, il subit l'enfermement, un emprisonnement bien plus terrifiant que le précédent, dans les forteresses des Dardanelles. Quatre longues années lors desquelles il essuya les pires supplices et, perdant son sang et son âme, dut embrasser la main de son officier à chaque fois qu'elle le tourmentait. Ce dernier l'avait prévenu :

« Si tu ne plies pas, tu finiras étranglé puis je te jetterai à la mer de nuit, le corps lesté, afin de t'éviter la honte d'une punition publique. Je ne suis pas si méchant, vois-tu…»

Donc, tandis que des milliers de janissaires avaient fini par se soumettre, devenaient de bons soldats dressés à l'assaut final qui souvent emportait la décision dans les batailles et se comportaient en parfaits musulmans, Nicandre, lui, par stupidité et inaltérable paresse, défiait l'autorité et subissait de quotidiennes bastonnades. Une fois encore, j'ignore ce qui s'ensuivit. D'après les souvenirs du grand-père, il fut ensuite renvoyé dans une autre caserne ou les contraintes semblaient moins dures que dans la précédente. Son travail consista alors à participer à la corvée d'épluchage et au nettoyage des sols de la cuisine, sous les ordres d'un officier somme toute beaucoup plus conciliant que les autres. Mais une fois encore, cet indomptable malandrin trouva l'occasion de se faire remarquer par ses bêtises définitivement impardonnables. Son seul éclair d'intelligence fut de comprendre que puisqu'il ne pouvait se contenir, il finirait exécuté. Que faire alors ? Devait-il s'incliner enfin, se plier au pouvoir de la hiérarchie, se conformer à ce que nous tous attendions de lui ?

Un lourd silence envahit la cave. Leftéris devenu triste et songeur se laissa tomber au sol et se frappa le front, laissant presque croire au janissaire qu'il avait oublié sa présence. Pourtant, il fronça les sourcils et enfin, le regarda fixement.

- Me croiras-tu si je te dis ce qu'il advint de ce gamin ?

Par une nuit sans lune, il s'échappa de la caserne. C'était l'année dernière, peu avant ma rencontre avec le vieillard. Il erra quelques jours, vivant de ses petits larcins, puis finalement s'approcha des murs de la Ville. Lorsque de loin il aperçut son grand-père, il tenta de s'enfuir. Mais tu penses bien que ce dernier l'avait reconnu avec son uniforme de janissaire et gentiment, il le héla, le priant d'approcher. C'est alors que Nicandre lui raconta ses tribulations et que par la suite.je les appris, moi aussi.

« Ne te calmeras-tu donc jamais mon petit Kurban ? lui demanda le brave homme. Ne vois-tu pas que je vais mourir de chagrin ? Tu fus le seul de cette famille à pouvoir te garantir un bel avenir, et regarde ce que tu es devenu ! Pourquoi persévères-tu dans cette voie et t'acharnes-tu à ressembler à un individu malfaisant, capable de voler et de frapper, à cet être néfaste qui répand la terreur et qui en vérité ne te ressemble pas du tout ?

- Demande à ma mère, répondit laconiquement Nicandre avant de s'éloigner définitivement, sans un adieu.

XVI

L'HUMILIATION

- **H**élas, comme je te l'ai déjà dit, Nicandre incriminait sans cesse les autres et invariablement, leur faisait porter la culpabilité de ses propres forfaits, oubliant que non qu'elle fût irréprochable, sa mère ne pouvait en porter l'entière responsabilité.

Les yeux de Leftéris lançaient des éclairs.

- L'année dernière, janissaire, il revit donc son grand-père alors qu'il venait d'avoir vingt-deux ans. Que manquait-il encore à son tableau afin qu'il devint un parfait truand, un dévoyé, un criminel, l'heure de la maturité n'allait-elle pas sonner enfin ?

Il bafouilla :

- Plus jeune, tandis qu'il avait compris son histoire, il répétait inlassablement à Photine qu'un jour, il tuerait Hanife. Puis, Dieu merci, il changeait d'avis mais nous accusait, nous, ses professeurs ou ses patrons, de tous ses maux. Six mois ont passé maintenant, qui sait ce qu'il a fait durant ce temps, ce qu'il devient aujourd'hui ? Continue-t-il à voler, a-t-il tué, se serait-il rendu aux janissaires prenant le risque d'être exécuté pour désertion ou bien erre-t-il ci et là tel un vagabond, mendiant un sou ou un morceau de pain ? Avec la mort de son grand-père, je ne sais plus rien de lui, ni de sa famille.

Quand Leftéris évoqua la disparition de Nicandre et les quelques mois qui suivirent, quelque chose de sombre et d'amer sembla le frapper, comme si un inquiétant pressentiment habitait son esprit malade.

- Soldat, voilà des semaines que nous nous battons contre les Ottomans. Avec votre satané Mehmet je n'ai pas trouvé le temps de chercher Nicandre. De toute façon, s'il a commis un quelconque matricide, je n'ai pas accès aux geôles du sultan. Au mois de janvier, celui-ci a rassemblé les régiments de l'armée provinciale et les troupes de sa garde. Puis sont arrivés des mineurs, des charpentiers, mille cinq-cents hommes de Serbie, construisant ponts et routes pour transporter les artilleurs turcs et dégager des champs de tir devant les murs de notre ville. En février, ces sauvages ont soumis nos dernières places fortes sur la mer Noire et la mer de Marmara, puis les régiments d'Anatolie ont traversé le Bosphore. C'est alors qu'ils ont installé leurs trois gigantesques canons, face à nos murs, tandis que leur flotte jetait l'ancre tout près de Galata. Je me souviens aussi de leurs tentes, dont la toile flottait au vent. On eût dit une armada à la conquête de terres nouvelles.

Grave, rongé par le tourment davantage qu'il ne l'avait été de sa vie, Leftéris éprouvait à nouveau cette impression de dégoût, bien différente de ces sensations qui lui étaient familières avant le siège de sa ville. Il se pencha brusquement en avant et se mit à vomir. Le janissaire n'esquissa pas un geste.

- Vipère, fit-il en s'essuyant les lèvres du revers de son bras, je t'ai donné ma chemise, je t'ai soigné, nourri, et toi, tu ne fais pas un pas pour m'aider tandis que la folie hante mon corps fiévreux ? Va au diable, vermine !

Cette apathie lui était inadmissible. C'en était trop.

Il fit quelques pas et frappa le tonneau de son poing. Pourtant, et bien qu'il se fît mal à la main, il ne cria point. Il se contenta de serrer les dents et reprit :

- Les ordures ! Une vingtaine de galères, une centaine de navires et en face, notre pauvre empereur battant le rappel des hommes en état de batailler ; un nombre bien insignifiant finalement.

Et puis nous avons fêté Pâques, la résurrection de notre Sauveur… Mais dès le lendemain, le 2 avril dernier, les premiers guerriers sanguinaires arrivaient déjà sous les murs tandis qu'une énorme chaîne était tendue au travers de la Corne d'Or.

Deux mois que nous subissons leurs assauts, comprends-tu janissaire ? Où étais-tu, toi, quand les Vénitiens creusèrent frénétiquement un fossé devant nos murailles des Blachernes ou quand

mes hommes y placèrent des balles de coton ou de cuir pour amortir l'impact de vos boulets ? Et Nicandre, que faisait-il, ce médiocre, tandis que ces maudits Turcs installaient tous leurs autres canons et bâtissaient des trébuchets ? Tu aurais dû voir...
Devant les remparts, tout fut mis en place : à droite les troupes d'Anatolie, à gauche les régiments de Roumélie, et n'oublions pas au centre, ton sultan emplumé comme un coq huppé, prêt à faire intervenir sa garde, ses soldats irréguliers et vous ses janissaires...

Leftéris jeta un coup d'œil à la dérobée au soldat mais ce dernier détourna aussitôt les yeux.

- Zaganos Pacha prit alors le commandement des troupes sur les rives de la Corne d'Or, tandis que d'autres, surveillant Galata ou, cachés dans des tranchées derrière des palissades de bois, établissaient leur siège jusqu'à la mer de Marmara.
Ces Ottomans... Prêts à se battre comme des héros, janissaire, oui, à cent ou deux-cents contre un seul Grec ! se moqua Leftéris en postillonnant. Sais-tu seulement que la guerre n'est point ni ne sera jamais une école de bravoure, de vertu et de puissance ? Elle rapporte orgueil et gains, rien de plus. En vérité, quel souverain, quel homme se lancerait dans une bataille au nom de la liberté et de la justice si plaisir et intérêts ne lui étaient promis ? Les hommes ne veulent pas la paix, ils s'appliquent à écrire des lois qui leur permettent de faire la guerre, de tuer, de gagner, de soumettre et posséder.

A nouveau, ses pensées s'embrouillaient. Debout, devant l'escalier et en proie à l'exaltation, Leftéris serra dans ses mains le sabre du janissaire. Prêt à se battre avec ces Ottomans quand ils pénétreraient dans la cave, prêt même à en finir avec le janissaire si cela s'avérait nécessaire, il éprouvait maintenant l'envie de le provoquer, de le défier, d'injurier ses frères d'armes et sa religion s'il le fallait jusqu'à ce qu'il se décidât à parler.

- Notre religion et la vôtre peuvent bien prétendre ce qu'elles veulent, le péché est une invention humaine et n'existe pas. Qui a le droit de juger, qui peut prétendre que je suis meilleur que toi ou que tu as raison et moi tort ? Vainqueur, vaincu, personne ne sera sauvé, personne non plus ne sera damné car le péché n'existe pas plus que la perfection, sauf dans l'esprit étriqué de l'Homme. Que sont les qualités, les défauts ? La vie, la mort, l'amour et la haine existent, rien d'autre janissaire, le reste est jugement simpliste ou religieux.

Leftéris regardait maintenant la cave comme on soupèse la vie de son lit de mort. Sans plus de rancœur mais empli d'amertume, il poursuivit :

- Celui qui sait vaincre ne s'engage pas dans la bataille, soldat. Ton sultan, lui, n'hésita pas, hélas, à attaquer, à redoubler ses assauts, à nous bombarder de ses canons. Et puis la semaine dernière, au pied des Blachernes, à l'endroit où nos remparts ne comportent qu'un mur au lieu de trois, nos défenseurs et moi-même entendîmes un bruit sourd et monotone, comme si la terre se raclait la gorge de manière répétée. Sais-tu ce que c'était ?

Le janissaire grimaça.

- Figure-toi qu'à défaut de pouvoir envahir la Ville en passant par-dessus les murailles où les attendaient nos archers, ces misérables individus creusaient une galerie dans l'espoir de passer par-dessous ! Fou de haine et de colère, j'ai hurlé, soldat, hurlé comme jamais auparavant :

« Pas une minute à perdre, perçons vite nous aussi un corridor parallèlement au leur ! »

Aussitôt, nous ouvrîmes une galerie de contre-sape, dans laquelle nous nous dirigeâmes si bien que nous débouchâmes rapidement dans celle qu'ils avaient ouverte. Dague à la main, nous nous jetâmes sur eux et mîmes le feu à leurs étais de bois. Si tu avais entendu l'impressionnant fracas qui s'ensuivit alors que la voute s'affaissait sur les assaillants ! Nous les enterrâmes tous ! Une fois de plus, ces Ottomans furent tenus en échec !

Leftéris ne put se retenir de rire.

- Mais jour après jour, nuit après nuit, tout pouvait recommencer. Jusqu'où pouvions-nous tenir, serions-nous aptes à prévoir chacune de leurs exténuantes et perfides exactions ? Le dix-huit mai, alors que la nuit avait été calme et que les guetteurs profitaient des premières lueurs du soleil, voilà que devant eux se dressa une machine démoniaque, une gigantesque construction de bois qui avait surgi d'on ne savait où pendant la nuit sans que nul n'y prît garde. Les sirènes, les cris, la course de l'empereur et de ses hommes qui se précipitèrent, la panique fut générale. Là, tout près, une hélépole nous scrutait, prête, tel un dieu enragé, à nous frapper de ses foudres ! Oui, janissaire, tu as bien entendu, une hélépole, cette immense tour de siège inventée, de surcroît par le Grec Polyeidos de Thessalie il y a presque vingt siècles, aux mains des Turcs ! Elle dépassait la hauteur de l'avant-mur et se déplaçant sur des troncs d'arbres selon les caprices de ton sultan, osait défier les tirs de nos artilleurs !

On aurait cru aisément que tes coreligionnaires avaient été ensorcelés. Avec des hurlements semblables à des râles que seul le diable serait capable d'éructer, certains projetèrent des boulets qui détruisirent la première de nos tours d'enceinte. D'autres spadassins, surgissant de tous côtés comme des démons infernaux, comblaient le fossé et posaient des échelles.

« Dieu est avec nous ! » criaient nos hommes. Ils croyaient en leur victoire, les braves, ils tenaient bon ! Et en effet, colmatant les brèches, évitant les projectiles et précipitant dans le vide les échelles ottomanes, ils repoussèrent les ennemis.

Quelle résistance et quelle fierté, soldat !

Entendis-je jamais plus grand nombre d'injures ? Après nous avoir insultés, les Turcs se retirèrent, nous laissant à notre victoire éphémère. Ils reviendraient une fois, dix fois s'il le fallait, mais nous ne perdions rien pour attendre. Ils nous le donneraient ce coup de grâce !

Mais si la nuit fut salutaire pour les Turcs, pour nous elle resta inoubliable tant nous étions épuisés. Nous devions tout réparer, tout reconstruire. Avec l'aide des femmes, de tout jeunes enfants ou de vieillards, et alors que nous pansions les murailles blessées de notre ville, un refrain revigorant se répétait inlassablement dans nos cœurs et réchauffait nos âmes : « Quand nous aurions terminé les réparations, Satan le sultan devrait tout recommencer ! »

Dès le lendemain, il était revenu, déterminé cette fois à nous mettre à genoux. Tombèrent les boulets, surgirent les échelles, fusèrent les cris des guerriers… Nous étions épuisés. La Ville allait-elle tomber ?

Un petit sourire illumina un court instant le visage de Leftéris.

- Et soudain, janissaire, le miracle se produisit. D'une flèche enflammée, un de nos hommes mit le feu aux broussailles dans le fossé. L'incendie se propagea, les Turcs ne purent que s'enfuir !
« Allah, Allah ! » hurlaient-ils tandis que l'hélépole, léchée par des flammes immenses, s'écroulait.
Tu penses, la couverture de cuir qui la protégeait avait séché depuis la veille ! ricana Leftéris. Et ton Allah ? Dis-moi, où était-il à cet instant ? Nul ne le sait… Leur machine diabolique n'était plus qu'un énorme tas de braises rougeoyantes ! Les jours suivants, ils s'ingénièrent à reconstruire des tours, à creuser des galeries. Pas un seul d'entre eux ne survécut à nos ripostes.

Leftéris leva le bras droit :
- Je te jure, janissaire, que quoi qu'il arrive, nos descendants ne nous oublieront pas. Sous leurs menaces de mort ou d'esclavage, malgré la faim, le manque d'équipement et l'épuisement, nous nous déchaînâmes pendant six semaines sans discontinuer, convaincus que si Dieu existait, il ne pouvait être qu'à nos côtés.
Voilà, soldat, trente ans après son père, Mehmet, moralement rompu, était à son tour tout près de la défaite devant nos murailles. Mais ce traître songea alors à négocier et envoya ses émissaires à notre empereur. Si celui-ci se rendait, il deviendrait roi de Morée sous suzeraineté ottomane. Quant à la population, elle serait libre de rester, libre de partir si elle préférait sans qu'aucun mal ne lui fût fait…

Leftéris s'esclaffa.
- Ton sultan nous prend vraiment pour des novices ! Tu aurais accepté, toi ? Tu me diras qu'il te faudrait déjà en comprendre les enjeux, je m'égare…
Donc, disais-je, sachant que personne ne viendrait au secours de la Ville et que par conséquent, nous étions condamnés, l'empereur n'hésita pourtant pas à leur répondre :
« Il n'est ni en mon pouvoir, ni en le pouvoir de personne ici de rendre cette cité. Nous sommes prêts à mourir et nous quitterons la vie sans regret. S'il le faut, je périrai moi aussi aux côtés de mes hommes, mais sachez que de mon vivant, la Ville ne sera jamais ottomane. »

C'est ainsi que dimanche dernier, le vingt-sept mai, ton sultan réunit ses hommes dans sa tente. Lui, n'étant pas au fait de l'immobilisme du monde chrétien, était décidé à lever le siège. Il ne parviendrait à aucun prix à s'emparer de la ville et surtout à la conserver sans s'attirer ses présomptueuses foudres et compromettre son commerce. Les Grecs ? Assurément, c'étaient d'indomptables guerriers, il ne pourrait jamais les vaincre. Mieux valait donc quitter rapidement les lieux. C'est alors que Zagan Pacha, cet impie, ce chrétien renégat, cet Albanais enrôlé tout jeune dans les rangs des janissaires devenu commandant militaire, l'exhorta à persévérer :

« Une telle lâcheté et tant de richesses abandonnées ? Les Ottomans seraient-ils si indifférents à la gloire de la victoire ? Honte à toi Mehmet, dit-il alors, seule l'armée devrait décider… »

Voici comment, janissaire, ce farouche conquérant au verbe de feu fit fléchir ton sultan et que dans la nuit, les Ottomans entrèrent en action. Ils revinrent au pied des murs dans un vacarme apocalyptique. Tambours, trompettes, hurlements, feu, torches, quel était cet effroyable tumulte ?

Nous courûmes tous aux murailles. Sais-tu ce que nous y entendîmes ?

« Nous les aurons ces chiens de chrétiens, nous les vendrons tous jusqu'au dernier. Des barbes de leurs prêtres nous confectionnerons des cordes pour les semelles de nos chaussures et des laisses pour nos chiens ! Leurs filles, leurs femmes, toutes seront nos esclaves ! »

Puis, à minuit, plus un bruit, tout s'éteignit, tous se turent.

La suite, si tu y étais, tu la connais…

Mais y étais-tu ? As-tu vu la Ville lorsqu'elle fut attaquée de trois côtés simultanément ? As-tu, toi, escaladé la muraille avec les fantassins et les marins ? As-tu entendu ton sultan vous promettre des trésors qui vous enrichiraient pour cent ans, des jeunes vierges ou de superbes adolescents que jamais homme n'avait encore regardés ? Etais-tu là quand ce goujat vous affirma que tout serait vôtre ?

Leftéris dévisagea le janissaire, à présent absorbé dans l'observation d'une mouche qui voletait de poutre en poutre. Elle se posa sur les fromages.

- Décidément, je parle dans le vide. J'ignore pourquoi tu te désintéresses complètement de ce que je dis puisque ma raison me dicte que tu n'y étais point. Simplement, tu me prouves maintenant ton insensibilité et ta froideur. Si je te raconte combien nos femmes et nos enfants ont versé de larmes alors que notre empereur, relevant nos guerriers agenouillés en ligne sur la muraille, leur adressait un ultime salut tandis que résonnaient au loin les cloches lugubres de Sainte-Sophie, réagiras-tu enfin ? As-tu vu dans ta vie plus sinistre image que celle de ce dernier souverain rôdant déjà, en cette nuit ultime, comme un revenant sur les remparts de sa ville ?

Fort ému, Leftéris cacha son visage dans ses mains et longtemps, il pleura. Il releva enfin la tête et s'écria :
- Et tout d'un coup, ce délire cacophonique des trompettes, des cymbales et des hurlements que je n'oublierai jamais :
« Al-Hamdoulillah, La ilaha ila llah, Allahou-Akbar. »

Il s'avança tout près du janissaire qui s'était légèrement redressé. Dos au mur, le regard empli de dédain, celui-ci semblait résigné à supporter le récit de son hôte pourvu qu'il ne s'étendît point sur les détails pathétiques de la dernière bataille. Un sourire presque moqueur se dessina sur ses lèvres.

Leftéris ne parvint plus à se contenir.
- Mon histoire te fait rire, musulman ? hurla-t-il. Quelle est donc la religion qui nous enseignera à guérir l'arrogance, le mépris et la bestialité ? Comment un dieu, ton Dieu a-t-il pu laisser faire une telle ignominie s'il existe ? Allahou Akbar... Tu parles ! Dieu n'existe plus, soldat, ni le tien ni le mien ! Nos dieux sont morts, te dis-je, ils se sont entretués sur les murailles de ma Ville !

Fort échauffé, incapable désormais de se contrôler, le janissaire regarda Leftéris droit dans les yeux et cracha dans sa direction.
- Fumier, lève-toi, fit le Grec, que je te tue ! Non content que tes camarades aient volé notre ville et anéanti nos âmes, tu te permets

de cracher ? Lève-toi, je te dis, toi et vous tous les Ottomans ne méritez que l'enfer !

Le janissaire ne s'exécuta point et non seulement il ne se releva pas mais plus narquois que jamais, il commença à siffler.

- Pourriture ! vociféra Leftéris, chercherais-tu vraiment à me provoquer ? Tu prétends ne plus pouvoir parler mais siffler t'est possible quand il s'agit d'insulter un chrétien, je vois… Imbécile, tu ne comprends même pas que ma foi est morte avec Constantinople ? Tu es un monstre, un véritable janissaire, et si par hasard le Diable existe, lui, qu'il t'emporte toi et les autres et qu'il vous brûle à jamais, vous et tous vos descendants !

Fou de rage, Leftéris décocha un violent coup de pied au soldat. Ce dernier, beuglant comme un faible d'esprit, zozota :

- Oh, tu es fou ? Tu m'as fait mal !

Interloqué, Leftéris ne répondit pas.

Alors le janissaire éclata de rire et rajouta :

- Calme-toi, Grec ! Veux-tu entendre le refrain qui m'a bercé alors que j'étais un tout petit bébé ? Ecoute bien, il ne sera que pour toi et mon Prophète !

Et il entonna :

- La ilaha ila llah, Allahou-Akbar.

XVII

L'ENFER

Dans un intense accès de colère, Leftéris saisit le janissaire par le col et des deux mains, le souleva de terre.

- Tu es donc capable de parler, fils de chien, ainsi voilà trois jours que tu te joues de moi sans honte ni scrupules !

- C'est grâce à toi si ma langue a désenflé, bredouilla le janissaire d'une voix presque incompréhensible, lâche-moi, tu m'étrangles !

Leftéris relâcha son étreinte mais ramassa aussitôt le sabre du soldat que négligemment il avait laissé sur une marche de l'escalier. Menaçant, il chatouilla le cou du guerrier de la pointe de la lame.

- Je te donne une dernière chance, tu t'expliques ou bien je tue. As-tu bien compris ?

- Que veux-tu que je dise ?

- Tu oses me demander ? Dis-moi ce que tu caches ! s'égosilla Leftéris.

- Rien, fit le janissaire, je ne cache rien !

- Comment peux-tu affirmer une chose pareille, scélérat, d'où viens-tu, qui es-tu, qui t'a envoyé ici ? Parle ! Et méfie-toi, au premier mensonge, c'en est fini de toi, d'accord ?

- Je suis janissaire, tu le sais non ? Au service de mon sultan.

Leftéris recula de deux pas et le détailla de la tête aux pieds. Quelque chose semblait le perturber.

- Cet uniforme est-il le tien ?

- Oui, rétorqua froidement le soldat.

- Tu te serais donc battu en habit de parade ? Non, mais tu me prends pour un demeuré ? Je les ai vus les janissaires là-bas, avec leurs armures !

- T'ai-je dis que je m'étais battu ? Non, je n'étais pas aux murailles, je n'ai rien fait de mal.

- Tu insinues donc, soldat, que tandis que certains janissaires combattent nos hommes avec orgueil, d'autres déambulent en costume de cérémonie et tuent au hasard de leur promenade ? C'est une plaisanterie, je suppose ! Attention, je t'ai prévenu, au premier mensonge...

- Non, tous les janissaires livrent combat. J'ai déserté, moi... Je me suis enfui lors de notre dernier défilé.

- Ah, je comprends mieux maintenant, fit Leftéris. Tu es bien ce lâche que je discernais en toi. Pourtant... Dis-moi, pourquoi es-tu venu ici ? N'avais-tu pas l'intention de nous tuer ? Au nom de qui, au nom de quoi ? Je ne te connais pas, alors à qui aurais-je fait du mal pour qu'il te demande de me tuer ?

Le soldat écarta les bras et les frappa sur les pans de sa robe comme pour exprimer que Leftéris, lui, était bien le seul, naturellement, à devoir le savoir.

Ce dernier recula encore et s'assit sur le tonneau. Plus calme, il se mit à réfléchir à haute voix.

- L'évêque t'aurait-il chargé de m'exécuter pour le fait que nous nous soyons fâchés lorsqu'il a, le vil, emmené mon fils ? Non, je ne crois pas. C'est un homme d'Eglise, il doit forcément avoir quelques limites dans sa capacité à trahir. Serait-ce alors un des patrons de Nicandre ?

Il les énuméra l'un après l'autre et rapidement en conclut :

- Impossible, je leur ai remboursé tous les dégâts que ce garnement a commis. Alors qui ? Le gardien d'Anemas, peut-être ? Aurait-il compris que j'étais riche et qu'il y avait matière à voler chez moi après m'avoir abattu ? Mais non, je lui ai bien graissé la patte à celui-là aussi, c'était un Grec en plus...

Il hésita et reprit :

- Arrête de tourner en rond, janissaire, laisse-moi me concentrer ! Dans mon travail, je n'ai que des amis. Dans ma famille aussi. Alors ? C'est Faruk, j'en suis sûr ! Il se sera échappé avec toi...

- Mais non, fit le janissaire, je t'ai déjà dit que ce n'est pas ce type.
- Si ce n'est Faruk, est-ce donc un de ses fils ? demanda Leftéris.

Le janissaire s'approcha du Grec et lui lança insolemment :
- Qui sait ?

Interdit, Leftéris se laissa tomber au sol et soupira.
- Fatih, Fevzi... Qu'ai-je donc fait de mal à ces deux crapules ? Je ne pouvais pas les garder. Que t'ont-il raconté, soldat, étaient-ils jaloux de leur petit frère ?

Avant même que ne répondît le janissaire, Leftéris porta une main à son cœur et enchaîna :
- Quoi qu'ils aient pu commettre, que l'avenir leur soit favorable, ils sont vivants au moins ! En quoi sont-ils responsables de leur haine envers moi finalement ?

Le janissaire lui répondit aussitôt :
- Tu te trompes, personne ne sait s'ils sont en vie. Ce ne sont pas eux qui m'ont demandé de régler ton sort.
- Alors, alors c'est, c'est Nicandre lui-même ! répartit Leftéris en bégayant, comme si la foudre venait de le frapper.

Tremblant, transpirant à grosses gouttes, il s'allongea. Les deux mains sur le front, les yeux hagards et les dents serrées, il haletait. Mille images apparaissaient devant lui, s'entremêlaient et tournoyaient dans son esprit, le heurtaient, lui faisaient mal, disparaissaient et revenaient, le touchaient en plein cœur et s'évanouissaient à nouveau, le laissant là, sur le sol poussiéreux comme un guerrier vaincu.

Mais l'impudent, ne le quittant pas des yeux, ne fit pas un pas.
- Donne-moi de l'eau, soldat, murmura-t-il enfin.

Le janissaire hésita mais somme toute s'exécuta. Leftéris vida le gobelet sur sa tête et en réclama un autre qu'il but d'un trait. Puis, il se redressa et en titubant, alla s'asseoir sur la première marche de l'escalier. Hébété, il laissa passer de longues minutes avant de poursuivre la conversation. Enfin, d'une voix lasse et monocorde, il reprit :
- Dis-moi ce qu'est devenu Nicandre. L'as-tu revu depuis la mort de son grand-père ? Se serait-il donc rendu aux janissaires pour pouvoir te donner cet ordre ? T'a-t-il sommé de nous tuer avant

d'être lui-même exécuté pour désertion ? Est-ce là cette fameuse vengeance que réclamait sa mère ? Dis-moi, soldat, Nicandre est-il vivant ?

- Oui, répondit-il, il est vivant. Il est ici, à Constantinople.

Leftéris sursauta. Bien que son fils fut coupable de mille sévices et eût même osé réclamer sa tête par le biais de ce janissaire, il était vivant. N'était-ce pas là le principal ? Un sourire éclaira enfin son visage.

- Que fait-il, dis-moi tout, où est-il exactement ?

Le janissaire ne se troubla point et répondit sans aucune hésitation :

- Ici, je suis ici, devant toi, Père. Ne l'avais-tu pas compris peut-être ?

Les deux mains sur le cœur, Leftéris laissa tomber sa tête sur ses genoux. Envahi par l'amertume, les yeux embués de larmes, il se laissa aller au désespoir et pleura de longues heures durant - lui sembla-t-il - sans plus trouver un mot à rajouter. Que comprendrait Nicandre s'il entendait ce silence ?

Enfin, il murmura :

- Si je me tais, mon fils, ce n'est pas parce que je n'ai rien à dire mais tout simplement parce que tu n'es pas prêt à l'entendre. Ne te méprends pas je te prie, mon silence ne signifie ni que je sois calme ou naïf, encore moins que j'accepte ou que je sois faible. Interprète-le comme une réponse à toutes tes interrogations, Nicandre, je n'ai plus rien à te dire.

- Appelle-moi Kurban, je ne suis plus Nicandre, d'accord ? Tout le monde connaît le nom de Nicandre à Constantinople et l'associe à une bien misérable canaille. Sache que je ne suis plus celui-là, moi, je suis Kurban, le musulman, l'Ottoman.

- Kurban ? Qui est ce Kurban ? Un grand janissaire ? Un héros de son sultan, un assassin de Grecs sur les murailles de Constantinople ? N'as-tu pas honte finalement ? Tu n'es même pas celui-là, s'emporta Leftéris. Réfléchis une seconde, petit imbécile, tu n'es rien, rien d'autre que Kurban, un « sacrifice », Kurban le sacrifié plutôt, la victime de ta mère !

Nicandre le dévisagea de ses yeux de braise. Leftéris le regarda et se mit à rire.

- Non, décidément tu ne m'impressionnes pas, Nicandre, lui lança-t-il. Tu devrais savoir que je ne crains ni les Ottomans, ni les tueurs, ceux-ci font partie de ma vie depuis bien longtemps déjà. Ecoute-moi enfin ! Ce ne sont ni toi ni moi, les meurtriers, ni mêmes les janissaires, mais bien ces petits penchants pour la faute et le vice qui rongent notre esprit et mettent notre cœur en péril.

- Tes élucubrations me fatiguent déjà, fit Nicandre. J'ai l'impression d'entendre Akylas…

- Fais attention à ce que tu dis, petit, mets de côté tes ardeurs belliqueuses et oublie Akylas, veux-tu ? Je ne te permettrai aucune insulte à son égard. J'aimerais, par contre, croire que tu es devenu un homme…

Il l'approcha et, en signe d'apaisement, lui prit la main.

- Je ne te cache pas que pendant toutes ces années, ton comportement nous a tous profondément bouleversés et tu te doutes que ce ne sont pas tes agissements lors de ces dernières heures qui modèreront ma colère. Je me contiens, Nicandre, mais je suis furieux.

- Tu me hais, n'est-ce pas ? se moqua Nicandre.

- Non, même pas, la haine épuise et n'engendre rien de bon. Je crois que si j'avais pu t'éloigner totalement de cette famille, tu aurais su évoluer favorablement, tu serais aujourd'hui un bon garçon. Avec ta passion pour la nourriture, tu serais cuisinier, non ?

Nicandre demeura muet. Alors Leftéris soupira.

- Hélas, t'adopter nous donnait-il le droit de nous enfuir, de t'emmener en terre grecque, loin, bien loin de ces malheurs ? Ton grand-père ne l'aurait pas supporté… Vois-tu, Nicandre, ce n'est pas la haine qui me guide sur cette route sans étoiles, c'est la peine. Je suis malheureux et si je souffre tant, ce n'est guère que parce que je suis seul responsable de ton pitoyable destin.

- Bien ! fit Nicandre. Ne me disais-tu pas tout à l'heure que j'avais une fâcheuse tendance à culpabiliser les autres de mes propres forfaits ? Tout est de ta faute donc !

- Si tu veux, fils. J'espère au moins qu'en t'en convainquant, tu deviendras un homme, un vrai. Comment te sens-tu maintenant que je t'ai avoué mes torts ? Ressens-tu, toi, quelques remords ?

Une fois encore, Nicandre ne daigna pas répliquer. Leftéris hésita et ajouta :

- Excuse-moi, Nicandre, si ta vie fut un enfer. Je te pardonne aussi pour tout le mal que tu as fait. Mais rassure-moi, dit-il sur le ton de la plaisanterie afin de détendre l'atmosphère, ce n'est tout de même pas toi qui, en te promenant, aurais déverrouillé la petite poterne des murailles ? Quelqu'un l'a ouverte, permettant à une meute d'Ottomans de pénétrer dans la Ville et de faire feu sur nos défenseurs. Cette porte nous a conduits à la déroute…

Nicandre ne le regarda pas. Il s'adossa au mur et se gratta la tête. Les yeux perdus et la bouche ouverte, il semblait s'égarer dans de sombres questionnements.

Avait-il des remords ? Non, il n'en avait décidément aucun, d'autant que cet homme, qui prétendait l'avoir tant aimé, ne l'avait pas même reconnu. Bien-sûr huit années avaient passé, certes ses blessures causées par sa chute dans l'escalier ou par des bagarres dans les geôles pouvaient avoir déformé son visage et l'avoir rendu hideux et boursouflé, mais peu lui importait. S'il l'aimait autant qu'il l'affirmait, Leftéris aurait dû être en mesure de l'identifier. En outre, pensa-t-il subitement, qui pouvait confirmer que ce n'était pas le cas ? Avec son tempérament insaisissable et taciturne, avait-il peut-être tout compris depuis le début ? Probablement du reste ! Pourtant il n'avait rien dit… Pourquoi ? Ce Grec attendait-il une défaillance de son agresseur pour lui faire payer son insolence et peut-être aussi l'incriminer de la reddition de toute une ville ?

Nicandre regarda au sol.

« S'il en avait eu l'opportunité, je suis sûr qu'il m'aurait tué, il n'aurait pas hésité, songea-t-il. N'a-t-il pas été capable de me voler à mon grand-père ? N'a-t-il pas maintes fois craché sur les Ottomans, sur le sultan, sur Allah ? Alors qui ment finalement, lui ou ma mère ? »

La trahison de cet homme qui prétendait être son père était évidente. Comme les serres d'un aigle, elle pénétrait maintenant dans son cœur de jeune homme, l'obsédait, le blessait. Il se décida enfin à répondre :

- Non, décidément je ne te pardonnerai jamais. Ni à toi, ni à Photine, ni à Akylas !

- Bien, fit Leftéris quelque peu décontenancé. Je me demande ce qu'ils ont bien pu te faire, eux. Photine a-t-elle péché en te dorlotant plus que de mesure ? Akylas a-t-il eu tort de tout tenter pour t'intéresser à la lecture ? Ton grand-père serait fort déçu de t'entendre, Nicandre, tu salis sa mémoire. Crois bien que ce pauvre homme a tout fait pour te protéger et te…

- Tais-toi, hurla Nicandre, tu mens ! Ma mère m'a dit que…

- Je me moque de ce que t'a dit cette putain ! l'interrompit à son tour Leftéris. Je peux m'accuser de tous tes maux, mais ni elle ni toi n'avez le droit de le faire, suis-je clair ?

Fou de rage, Leftéris se saisit du sabre de Nicandre et de toutes ses forces, il le planta dans la porte. Puis il se tourna vers lui.

- Mieux vaut éliminer cette arme de la cave avant que je ne te l'enfonce en pleine poitrine, Nicandre. Tu es véritablement un traître, bien pire que ton père, tes frères et tous les janissaires réunis. Je ne t'ai jamais demandé de me remercier, je n'ai fait qu'accomplir mon devoir et j'ai écouté mon cœur. Je t'ai aimé comme un fils, Nicandre, mais ton arrogance me…

De nouveau, ce dernier lui coupa la parole :

- Tu as insulté ma mère, tu as mille fois blasphémé et craché sur mon Dieu. Tu es un être ignoble en vérité, je te déteste !

- Tu te trompes, petit, tu devrais savoir, si tu me connaissais mieux, que je respecte toujours la foi et les croyances des autres autant que leur origine. Aurais-tu oublié que je compte, parmi mes amis, autant de Turcs que de Grecs ? Ne te souviens-tu pas de ces soirées ou nos amis réunis, Grecs, Turcs, Serbes ou Albanais dansaient ensemble au coin du feu ? J'ai tout tenté pendant quinze ans, Nicandre, et trois jours durant je t'ai soigné, attendant désespérément que tu parles, que tu te comportes comme un adulte et que tu me dises : « Père, pardonne-moi. » Voilà que finalement, c'est moi qui te demande pardon, et tu me parles ainsi ? N'ai-je donc pas le droit de m'exciter, de jurer, d'insulter dieux ou diable sans passer pour   un tyran ou un blasphémateur ? Ne t'ai-je pas maintes fois répété combien je respectais la civilisation ottomane ? Tu es un ingrat, Nicandre, et un farouche menteur. Tu interprètes mes mots comme cela t'arrange de le faire. Tu ne comprends même pas à quel point j'ai mal. Mal d'avoir perdu un fils, mal d'avoir perdu ma ville, mes amis, ma vie.

- Quand m'as-tu reconnu ? demanda Nicandre.

- Ta question est sans intérêt, je ne sais plus exactement à quel moment j'en fus convaincu. Il était évident que tu tournerais mal, Nicandre, je savais que personne ne te dompterait jamais. Tu te prends pour un rebelle ? Alors sache que l'art de la rébellion consiste à se soulever pour une juste cause. Crois-tu pouvoir trouver ta voie en me méprisant, penses-tu vraiment que les janissaires vont préserver le monde en se soumettant comme des mules à un sultan assoiffé d'or et de sang ?

Leftéris ferma les yeux.

- La destinée est un bateau sans cap, Nicandre, perdu dans la tempête. Quel marin peut deviner à quel moment il passera par-dessus bord ? Certains choisissent de ne pas se rebeller et lâchent rames ou gouvernail, d'autres, au contraire essaient de le soumettre. Peu parviennent à le diriger. Encore moins le maîtrisent, petit.

- Cesse donc de m'appeler « petit », d'accord ?

- Pardon ! Toi l'insoumis, le grand rebelle de Constantinople, tu conquerras le monde et le protégeras de tes lumières, je n'en doute pas une seconde ! Sans toi, c'en est fini de votre civilisation et de votre culture, est-ce cela que tu veux me prouver du haut de ta condescendance ? Vous êtes définitivement sauvés alors, comment en douter encore... A vous les petits soldats du grand et noble sultan sera le monde entier, rajouta Lefteris, Al Hamdou Lillah,* comme tu dis ! Tu ferais mieux de sortir d'ici et d'aller le retrouver ton sultan. Offre-moi ce dernier plaisir, dépêche-toi !

- Ils me tueront, tu le sais très bien ! bredouilla Nicandre. Vois-tu l'homme juste, le père aimant que tu es ? Tu m'as défiguré, blessé

---

* حمـــدوﷲ Par la grâce de Dieu.

grièvement, et te voilà prêt à me livrer à ces meurtriers ?
Tu es le diable personnifié, un manipulateur, une erreur de la nature, un Grec, une charogne comme tous les autres !

Depuis un instant, une grimace contractait la bouche de Leftéris et semblait gagner son visage tout entier, dont l'expression devenait peu à peu terrifiante. Alors qu'il parcourait les quelques pas qui le séparaient de Nicandre, le poing, qu'il tenait serré s'ouvrit tout à coup. Il ne pouvait plus se contrôler. Une très puissante gifle, qui le laissa lui-même pantois, vint s'écraser sur la joue du voyou et le déséquilibra.
- Cette fois, tu es allé trop loin. Je t'aime et finalement tu as raison, je te déteste à la fois, mais tu me fais trop mal désormais, tu me rends fou. C'est de ta faute si je suis hors de moi et que je perds la tête, comprends-tu ?
Il inspira profondément et renchérit :
- Je te renie, Kurban, tu n'es plus mon fils, tu n'es plus Nicandre !
Sors d'ici avant qu'il ne soit trop tard, sinon j'en finirai avec toi une fois pour toutes ! Vite !
Nicandre ne bougea pas. Il se contenta de porter une main à sa bouche d'où, à nouveau, jaillissait le sang. Son expression se figea. Le ténébreux orgueil d'avoir su incarner un janissaire menaçant, d'avoir pu jouer jusqu'au bout un rôle exceptionnel, à la mesure de son talent de menteur et de mystificateur balayait tout autre sentiment. Ce rôle, la vie le lui avait imposé, assurément, et ne lui avait pas donné d'autre chance s'il voulait échapper aux sanctions des janissaires. Il était donc parvenu à tenir l'épineuse gageure et nul n'eût été assez habile pour ébranler la fierté qu'il ressentait à cet instant. Leftéris - il en était convaincu - l'avait giflé car il était tombé dans son piège et n'avait su relever le défi qu'il lui avait lancé. Cet homme avait mauvaise conscience. Il l'avait enlevé à son grand-père, et au lieu de l'admettre, il était entré dans une terrible colère et l'avait frappé…
Une autre idée traversa son esprit subtil : s'il tuait ce Grec et sa famille, son officier ne le réintègrerait-il pas au sein des janis-

saires ? Cet acte expliquerait sa désertion, on le considérerait enfin comme un héros…

Il tergiversa et se ravisa. La besogne était compliquée. Rapporter trois corps à la caserne serait probablement une tache bien trop ardue pour ses bras cotonneux.

Dehors, tout était devenu poussière et de cette uniforme tristesse se profilait l'aurore incertaine, à moins que ce ne fût encore la nuit.

Soudain, un effroyable vacarme déchira le silence. Le martèlement des sabots sur les pavés et des cris que l'on entendait distinctement jusque dans la cave :

« Dans une heure, la Ville sera à nous ! Suivez-moi, finissons-en avec ce quartier ! »

- Bougre de porc galeux, murmura Leftéris, tu as fait exprès de ne pas mettre de fanion sur la porte du haut, n'est-ce pas ?

Nicandre sourit tandis qu'à l'extérieur, des hurlements frénétiques, répondant à ses interrogations, ne laissaient plus planer aucun doute :

« Voyons s'il y a encore quelqu'un qui se cache ici et s'il y a quelque chose à prendre, mettons pied à terre, allons-y ! »

En un éclair, une vague de janissaires enragés défonça la porte principale de la maison, repoussa les meubles qui la sécurisaient et tel un vrombissant tourbillon, déferla dans le salon.

- Dieu du ciel, protège-nous ! hurla Photine en tombant à genoux. Je vous en supplie, soldats, faites de nous vos esclaves mais épargnez-nous !

D'un coup de sabre, sa tête roula devant la cheminée tandis qu'Akylas s'enfuyait vers la cuisine dans le secret espoir de forcer la petite porte et prévenir son père.

Cinq janissaires le pourchassèrent et se jetèrent sur lui. Cinq poignards transpercèrent son corps et le clouèrent sur cette même porte.

Ameuté par le fracas et les cris malgré l'épaisse voute de pierre qui étouffait les sons les plus perçants, Leftéris monta quatre à quatre les marches de l'escalier.

- Akylas, Photine ! Tenez bon, j'arrive ! s'époumona-t-il en s'évertuant à extraire la dague qu'il avait lui-même profondément plantée dans le chambranle pour condamner le passage.

Mais Nicandre s'était précipité derrière lui et avait sorti un objet de sa botte.

Au loin, les amis de Leftéris, Iannis, Apostolis et les autres couraient toujours dans les collines.

Ils le cherchaient partout.

Ils l'appelaient.

Ils criaient.

Ils hurlaient.

Hélas, Nicandre avait levé son arme…

C'était le vendredi 1er juin de l'an de grâce 1453 et lui, Leftéris, gisait désormais au pied de cette porte maudite et ne les entendait plus. Le coup d'estoc en plein cœur, porté par un poignard à lame droite planté au milieu de son dos, ne lui avait laissé aucune chance...

Couvert de sang et néanmoins indifférent, Nicandre regarda avec mépris son corps inerte. Une voix résonna dans sa tête :

« Si un jour tu regrettes ton geste, mon fils, ne va pas sur ma tombe pour pleurer, je ne serai pas là. Je ne suis pas mort. Nous, Grecs de Constantinople, ne mourrons jamais. »

Mais peu lui importait. Il avait vengé sa mère.

Θρῆνος τῆς Κωνσταντινουπόλεως

Ἐκείνη ἡ μέρα ἡ σκοτεινή, ἀστραποκαϊμένη
τῆς τρίτης τῆς ἀσβολερῆς, τῆς μαυρογελασμένης,
τῆς θεοκαρβουνόκαυστης, πουμπαρδοχαλασμένης,
ἔχασε μάνα τὸ παιδὶ καὶ τὸ παιδὶν τὴ μάναν,
καὶ τῶν κυρούδων τὰ παιδιὰ ὑπᾶν ἀσβολωμένα,
δεμένα ἀπὸ τὸ σφόνδυλα ὅλα ἁλυσοδεμένα
δεμένα ἀπὸ τὸν τράχηλον καὶ τὸ οὐαὶ φωνάζουν.
μὲ τὴν τρομάραν τὴν πολλήν, μὲ θρηνισμὸν καρδίας·
[...]
νὰ πᾶτε ὅλοι κατ᾽ ἐχθρῶν, κατὰ τῶν Μουσουλμάνων,
καὶ δεῦτε εἰς ἐκδίκησιν, τρέχετε μὴ σταθῆτε,
τὸν Μαχουμέτην σφάξετε, μηδὲν ἀναμελεῖτε,
τὴν πίστιν των τὴν σκυλικὴν νὰ τὴν λακτοπατῆτε.
[...]
ὤ, Κωνσταντῖνε Δράγαζη, κακὴν τύχην ὁποῦ ᾽χες,
καὶ τί νὰ λέγω, οὐκ ἠμπορῶ, καὶ τί νὰ γράφω οὐκ οἶδα,
σκοτίζει μου τὸ λογισμὸν ὁ χαλασμὸς τῆς Πόλης.

Edition démotique, Wilhelm Wagner, Textes grecs médiévaux, Londres 1870.

TABLE DES MATIERES

Dépôt légal : avril 2017

www.ingramcontent.com/pod-product-compliance
Lightning Source LLC
Chambersburg PA
CBHW041406010726
47507CB00001B/10